超越"天花板"的女性

——我国高等学校女性领导群体特征研究

王饮寒　喻　恺　著

上海交通大學出版社

内容提要

女性走上高校的领导层，担任大学校长及高层领导，肩负起管理大学、促进大学建设与发展的重任已不再陌生。毋庸置疑，女性已在权力地位上取得了巨大发展。本书采用履历研究法收集整理我国 1 166 所普通本科高等学校的 7 796 位校级领导的简历，在此基础上对我国本科院校中女性高层领导群体职业特征以及相关原因进行研究。

本书适合高等教育研究者、高等教育政策制订者以及相关领域师生阅读。

图书在版编目(CIP)数据

超越"天花板"的女性：我国高等学校女性领导群体特征研究/王饮寒，喻恺著. —上海：上海交通大学出版社，2015
ISBN 978-7-313-13066-2

Ⅰ. ①超… Ⅱ. ①王… ②喻… Ⅲ. ①高等学校—女性—领导—研究—中国 Ⅳ. ①G647

中国版本图书馆 CIP 数据核字(2015)第 117426 号

超越"天花板"的女性
——我国高等学校女性领导群体特征研究

著　　者：王饮寒　喻　恺
出版发行：上海交通大学出版社
地　　址：上海市番禺路 951 号
邮政编码：200030
电　　话：021-64071208
出 版 人：韩建民
印　　制：常熟市文化印刷有限公司
经　　销：全国新华书店
开　　本：787 mm×960 mm　1/16
印　　张：9
字　　数：132 千字
版　　次：2015 年 8 月第 1 版
印　　次：2015 年 8 月第 1 次印刷
书　　号：ISBN 978-7-313-13066-2/G
定　　价：39.00 元

CONTENTS 目录

Figures 图 录

Tables 表录

第一章 绪 论

1.1 研究背景

随着人类社会的不断发展,女性地位得到不断的提高,不少女性脱颖而出,成为各行各业的领导者。在高等教育领域中,1994 年朱迪斯·鲁丁(Judith Rodin)就任宾夕法尼亚大学校长,成为美国常春藤大学联盟中的第一位女校长,到 21 世纪,常春藤大学联盟中又出现了 5 位女性校长,包括布朗大学前任非裔女校长鲁斯·西门(Ruth Simmons)、现任校长克里斯蒂娜·赫尔·帕克森(Christina Hull Paxson)、普林斯顿大学刚卸任的女校长雪莉·蒂尔曼(Shirley M. Tilghman)、宾夕法尼亚大学现任校长艾米·古特曼(Amy Gutmann)和哈佛大学现任校长德鲁·吉尔平·福斯特(Drew Gilpin Faust)等。

然而,在高等教育发展的历程中,高等学校在很长一段历史中是男性独领风骚之地,女性进入高等教育的历史实际上非常短。无论是在亨利·纽曼(John Henry Newman)理念中培养"绅士"(gentlemen)的大学[1],还是旨在教育"抵美商界精英的儿子们"(sons of the arriving mercantile elite)的哈佛大学[2],显然都未给女性留有任何空间。

成立于 1096 年的牛津大学,已有近 1 000 年的历史,但在其建校的前 900 年里,女性都不能在其中正式学习——直到 1920 年牛津大学才允许女性成为该校的正式学生(而且必须在专门的女子学院中学习),而牛津大学的所有学院向女性开放则不过是近30余年的事情[3]。当居里夫人在1900年加入巴黎高等师范学校成为教师的时候,她实际上是这所成立于1794年的大学的第一名女性教师[4],而她和丈夫在1903年受邀前往英国皇家科学研究所(Royal Institution of Great Britain)就放射性进行演讲时,还因为其女性身份不能发言,只能由其丈夫介绍他们的研究[5]。1636年哈佛学院建成,成为美国历史上第一所高等教育机构,在此后近两百年的时间里,美国又陆续出现了十余所高等学校,但无一接收女生。直到19世纪20年代至30年代,以爱玛·威拉德(Emma Hart Willard)、凯瑟琳·比彻(Catherine E. Beecher)、玛丽·里昂(Mary Lyon)为代表的早期女子教育先驱上下奔走,积极创办女子学园/私立女校(Women Academy/Seminaries),美国才出现了为女性提供高等教育的机构[6],然而这些学校的教学水平无法与只接受男性的一般学院相提并论。直到1853年玛丽·夏普学院(Mary Sharp College)创立,美国才出现第一所与一般学院提供相似课程的女子高等学府。1869年受聘为哈佛大学校长的查尔斯·艾略特(Charles William Eliot),将哈佛从一所地方院校发展成为美国知名的研究型大学,是哈佛大学居功至伟的人物。而艾略特在就职演说中就提到,哈佛大学不会把"心智不成熟又处于适婚年龄的数百名男女安排在一起"[7],并且他还对女性的心智能力有所怀疑[2]。虽然哈佛后来成立了专门接收女性学生的女子学院,但直到1963年哈佛才向女性授予了学位,1967年哈佛的图书馆才向女性开放,1977年哈佛才废除了女性录取人数不得超过男性的四分之一的规定[2]。

女性进入高等教育,乃至成为高等学校的领导者,进入到这个传统的"男性"领域,不仅与社会认知的改变有关,也与女性自身的经历与独有的才能有关。高等学校一直被视为适合女性工作的一块净土。然而,女性在教育管理中所处的地位与女性占总人口的比例不协调,与女性从事教育工作的人数也不相称。在高等学校教职团队的金字塔队伍中,女性队伍主要集中分布于基数庞大的普通教职人员这一低层,越往金字塔的顶端走,女性的数量就越稀少,在很多学校的领导层中甚至出现缺位的现象。

从世界范围来看,根据联合国教科文组织的统计,在2012年,全世界的高等院校中,已有超过一半(50.5%)的在读学生为女性,41.9%的教师为女性[8]。2012 年我国统计数据显示，全国 51.03%的普通本科在读学生为女性[9]，45.84%的普通本科专任教师为女性[10]。

然而在大学的管理层中，女性的比例陡然降低。美国教育理事会（American Council on Education，ACE）发布的《美国大学校长年度报告 2012》指出，全美大学的正校长中有 26%为女性[11]。澳大利亚科学与技术协会联合会（Federation of Australian Scientific & Technological Societies）的报告指出，2009 年，澳大利亚 18%的高等学校其正校长是女性[12]。而在我国，根据 2007 年中国人民大学"中国大学校长素质研究"课题组对我国 1 792 所高等院校的时任校长进行的调查，大学正校长中女性比例仅占 4.5%[13]。

许多学者试图从女性在职业发展中面临的障碍来解释女性难以成为行业领导的现象。"玻璃天花板"理论揭示了女性在职业发展中面临的微妙障碍。现在学者们主要用这一概念来描述女性在职业晋升阶梯中所面临的无形障碍[14]。女性离成功似乎只有一步之遥，但这种无形的障碍又使女性难以达到事业的更高峰。"玻璃天花板"不仅存在于所有职业阶梯中，而且展现在每一位女性面前。

现在，女性在获得权力和权威方面已经取得了一定的进展，这一点毋庸置疑。但是时至今日，身居要职的女性领导仍然少得出奇。高等教育领域女性晋升之途不但障碍重重，而且就业环境也是荆棘丛生。

1.2 问题缘起

高等学校中的高层领导是教育管理领域职业阶梯上的顶层。在我国高校中，已经位居高位的女性领导们，是凭借什么条件突破"玻璃天花板"的呢？她们如今的地位及现状如何？现象背后必然隐藏着作用因素，那么，决定她们如今地位与现状的原因又是什么？带着这样的疑问，笔者将问题进行了如下细分：

首先，身处职业阶梯顶端的女性高层领导者们具备怎样的共性特征？相比其男性同僚，她们有何优势劣势，地位如何？

其次，我国各高校中女性高层领导，是否因其就任学校层次不同、担任职位高低不同、承担职务分工不同而存在任职特征差异，现状如何？

最后，女性高层领导任职地位的现状背后，存在哪些影响因素，使得她们在某些方面面临威胁？又是哪些过人之处辅助她们实现了如今的职业成就？

这些是本研究所关注的问题。

1.3 研究目的

作为超越“玻璃天花板”的女性，精英中的凤毛麟角，我国高等教育领域中的女性领导相对于其他行业以及别国高等教育领域中的女性领导，显得尤为不易。本研究的目的在于通过比较的方法，了解我国高等教育领域中女性领导群体所具备的特征，以及和男性领导群体存在的区别；进而研究在这一群体内部，不同层次高等学校、不同领导职位以及不同领导职务间存在的群体差异。最后，在此基础上结合群体特征与内部差异，总结“玻璃天花板”之上女性领导的过人之处以及其职业发展所面临的瓶颈，探索造就其职业发展现状的内外部原因，并提出改善这一现状的有效建议。

1.4 研究价值

1.4.1 理论层面

社会性别中较为弱势的女性走上领导岗位，获取与男性一样的权力与地位是近半个世纪以来发生的变化。然而在高等教育领域，男女性别平等的理论与实践还未引起人们的普遍关注，主流的关于学校领导的研究还未将性别因素作为一个主要的分析范畴和内容来对待。本研究致力于探求女性领导相较于男性领导在高等教育领域中的群体特征与差异，从社会性别的角度研究高等学校女性领导的特征与现状，这将推进性别平等理论在我国高等教育领域的发展。

通过对目前高校女性领导人现状特征的分析，找出高校女性领导人选拔培养的潜在障碍和问题，有助于完善对高校女性领导人选拔培养的认识，能丰富和深化高校女性领导的发展研究。

1.4.2 现实层面

1995年，联合国召开的第四次妇女问题世界会议，再次强调和明确了妇女地位的提高是实现政治、社会、经济、文化和环境保障的先决条件[15]。世界各国认识到了女性在职业领域的重要性，并纷纷采取行动、出台相关政策法规，致力于提升和保障女性的领导地位。因此，探讨女性领导的群体特征与发展现状，是实现我国高等教育性别平等以及社会可持续发展的现实要求。

人力资源开发的互补增值原理指出，合理的人力资源开发要求组织内部的人力资源在年龄、知识、气质、技能上互通互补，并且在性别上形成平衡的结构。高等学校领导队伍是一个有机的整体，其中女性领导在心理、思维、行为等方面所具有的优势，以及女性领导在促进文化多样性、尊重与理解及跨文化对话方面所扮演的战略性的重要角色[16]，可与男性领导形成优势互补。重视和改善女性领导的地位，是实现高校人力资源合理配置和使用的现实需要。

此外，加强对高等学校女性领导的研究，能够为高等学校女性教职员工的职业生涯规划提供可靠的借鉴和指引，并对于增强女性在高等教育职业阶梯中的工作热情和职业信心以及提升女性群体地位具有潜在的影响。

1.5 核心概念界定

1.5.1 玻璃天花板

“玻璃天花板”一词最早出现在1986年5月24日希莫威茨(Hymowitz)与希尔哈德(Schellhardt)在《华尔街日报》发表的关于公司女性的特别报告，文中提出：“为什么女性无法打破阻碍她们进入顶尖职位的无形障碍？”[17]。此后，女性职业发展受到了美国社会的普遍关注，美国成立了“联邦玻璃天花板委员会(Federal Glass Ceiling Commission)”，成员由美国总统和国会领袖任命，劳工部秘书长担任主席。这一委员会把“玻璃天花板”定义为：“看不见的，然而却是使少数族裔和女性无法登上职业阶梯上层的不可逾越的障碍——不管她们的资格或成就如何”[14]。莫里森(Morrison)将“玻璃天花板”理论通俗地描述为一种将女性阻隔在社会高层之外的透明障碍。这种障碍使女性群体受到偏见的影响，女性由于被认为缺乏高层管理的能力而被限制了发展[18]。

国际劳工组织(International Labour Organization，ILO)指出，“玻璃天花板”可能存在于不同层次组织结构中。在一些国家或公司，“玻璃天花板”可能接近到组织最顶层，而在其他国家则可能是在较低的层次。通常呈现出(如图1所示)金字塔的形状[19]。

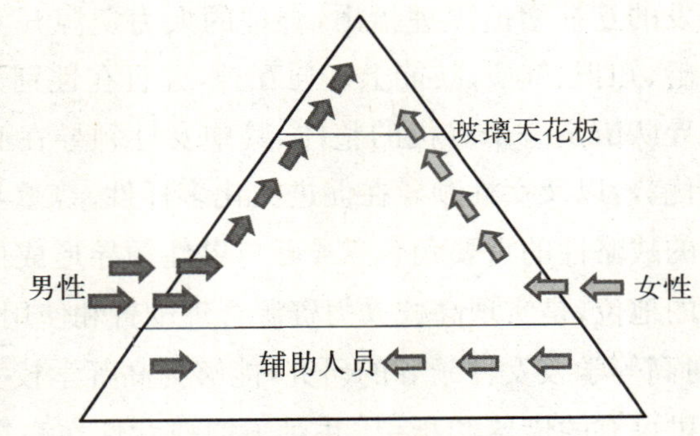

图1　组织结构中的“玻璃天花板”

资料来源：国际劳工组织(ILO)，《突破玻璃天花板：女性管理》。

本研究中所指的“玻璃天花板”主要界定于高等学校的最顶层，以校级与院级为分界线，晋升至校级及以上职位则表示突破“玻璃天花板”。

1.5.2　领导群体

1984年汉姆布里克(Hambrick)和马森(Mason)提出的“高层梯队理论”(Upper Echelons Theory)[20]，标志着有关高层管理团队(Top Management Team)研究的开始。高层梯队理论将研究的重点转向整个高层管理团队，而非局限于最高管理者个人。汉姆布里克与马森对高层管理者作出了界定：高层管理者来自组织的最高层，属于组织的战略制定与执行层，负责整个组织的运作与协调，对组织经营管理拥有很大的决策权与控制权。加雷思(Gareth)等人归纳出高层管理者应该包括组织的首席执行官、首席运营官以及各部门主要负责实现组织目标的最高管理人员[21]。

在我国，主要将高层管理团队称为领导班子，它是对领导集团的通俗称呼。我国是社会主义国家，实行中国共产党领导下的多党合作和政治协商制度，中国共产党是全国各项事业的领导核心。因此在领导班子的构建上，必须充分体现党的领导地位。我国的领导班子是指各级党的机关、国家机关、群众团体及其所属部门以及企业、事业单位的领导集体[22]。它是各级决策的制定和组织实施的中心，是社会主义现代化建设的指挥部，负责一个地区、一个部门、一个单位的全面领导工作。领导班子可以从不同视角进行划分：从层次上分，可分为省级领导班子、地级领导班子、县级领导班子和乡级领导班子等；从领导班子的职能分，可分为党委领导班子、政府领导班子和群团领导班子等；从领导班子的工作对象方面分，可分为党政领导班子、企业领导班子和事业单位领导班子等[23]。

高等教育是中国共产党领导下的建设事业的一个重要组成部分，我国高等学校领导体制及运行机制，经过不断演变和发展，形成了党委领导下的校长负责制及相应的运行机制[24]。结合以上概念以及我国特有的高等学校领导体制，本研究所指的领导群体包括党委体制下的党委书记、(常务)副书记、纪委书记与行政体制下的校长、(常务)副校长。

1.5.3 群体特征

戴维·波普诺(David Popenoe)在《社会学》一书中指出，所有群体都有自己的特征，群体成员不仅仅是人群的集合或社会的类属，它展示的是人们相互联系的独特模式，他们形成了一种社会结构并对其成员有某种确定的期望，群体中的人与群体外的人有着十分明确的区分[25]。群体特征，是指一个群体所具有的区别于其他群体的特征，或者说是这个群体内部的共性特征[26]。

群体特征的研究主要立足于群体中个人的研究，通过人口特征(Demographic Characteristics)展开调查。人口特征主要包括年龄、性别、教育背景、职业经历、家庭状况、社会经济地位等。古德克(Gutek)等学者总结了人口特征分析的 3 种主要方法：直接方法(Ategorical)、成分方法(Compositional)和关系方法(Relational)。直接方法关注的是个体的性别、年龄等简单人口特征；成分方法把人口特征看作群体的一种结构特征，关注的是群体的人口特征分布；关系方法认为人口特征表征个体与群体的社会关系[27]，关注的是个体与群体其他成员的人口特征差异[27]。在高层管理团队人口特征领域，近 20 多年的研究主要采用后两种方法，本研究对高等学校女性领导群体的研究也采用此两种方法的分析视角进行研究。

1.6 国内外研究现状

1.6.1 女性职业与权力获得现状

女性职业获得现状

随着社会的发展，女性参与社会劳动，在职业市场上的参与率有所上升，但与男性相比，仍存在较大差距[28,29]。2004 年，经济合作与发展组织(OECD)国家中，男性的就业率均高于女性。土耳其、墨西哥、意大利、希腊、波兰和西班牙的女性就业率不足 50%，北欧国家如丹麦、挪威、冰岛等国均超过 60%。其中土耳其、墨西哥、希腊、日本等国的男女差距较大[28]。联合国 2010 年关于全球妇女的调查和统计显示：1990 年到 2010 年，全球女性在劳动力市场的参与率稳定在 52%上下。相对而言，同期的全球男性劳动参与率却在稳步下降，从 81%降至 77%。尽管女性的劳动参与率在近期有所上升，但 2010 年很多次区域的参与率依然低于 50%；北非和西亚不到 30%；南亚不到 40%；加勒比和中美洲不到 50%。在其余的次区域地区，女性的参与率在 50%到 70%之间[29]。

在大多数国家，女性失业的风险也比男性高。2004 年 OECD 调查的 27

个成员国中，有20国女性的失业率高于男性[30]。联合国2007年报告也得出相似的结论[29]。一般情况下，一周在主要从事的工作中所花时间在30小时以下，被视作兼职；一周主要从事工作时间在40小时及以上为全职。在OECD国家中，一周工作时间在20小时以下的女性占绝对优势，一周工作时间在45小时以上的，男性比例高于女性。近几十年来，女性就业率的稳步增加也主要缘于从事非全日制工作的女性劳动力队伍的出现和壮大。这种工作也为试图平衡工作和家庭责任的男女提供了一种解决办法。

女性就业还存在较为明显的行业隔离现象，女性劳动力主要供职于服务业，女性在工业部门的参与率非常有限[29]。女性较男性更多从事于学前教育教学、秘书、护理、小学教师、超市工作者等职业；而在矿工、摄影、石材切割机和雕刻师等行业中却难觅女性踪影[30]。女性和男性在不同职业中的涉足程度，即所谓的横向职业隔离，是近几十年来大量研究者所关注的主题。一项对国际劳工组织SEGREGAT数据库的详细职业数据进行的研究显示，泰国和美国在接受分析的15个国家中职业隔离程度最低[31]。

女性权力获得现状

纵览全球，当今的女性已经进入了一个全新的历史时期，她们的社会意识不断增强，社会参与程度日渐提高。不少杰出女性脱颖而出，女总统、女总理、女总裁、女校长的身份和头衔已不再陌生。她们活跃于政治、经济、教育文化领域，为各领域作出贡献。

公共治理是众多男女不平等现象十分突出的领域之一。联合国的调查显示，1995年在《北京行动纲要》获得通过之际，女议员在各国议会下议院或单一议会中平均占10%的比例。截至2009年4月，这一数字已经提高至17%。2009年大多数次区域女议员在议会下院或单一议会中的比例平均达到15%甚至更高。西欧妇女的代表率最为突出，平均达到29%。在南部非洲、东南亚、南美洲及欧洲以外的较发达地区，妇女的代表率平均至少达到20%。但是，北非（10%）、东亚和西亚（分别为14%和9%）及大洋洲（3%）妇女的代表率平均依然不足15%[29]。美国专门从事女性咨询和研究的机构Catalyst在2012年发布了《女性参与管理的全球比较》调查报告，报告呈现了来自世界七大区域内46个国家和地区的女性参与国家政治管理和担任公共机构领导的情况[32]。报告显示，女性参与政治管理的平均比例大约是30%，同时存在显著的国别和地区差异。大洋洲、北美洲、拉丁美洲及欧洲地区女性参与政治管理的比例相对较高，多集中在30%—40%之间，中东和非洲地区相对较低，除南非以外，均在10%左右。亚洲地区各国差异较大，其中菲律宾比例最高，且是唯一超过半数的国家，占到了54.8%；卡塔尔最低，为6.9%。

与政府的领导和决策岗位类似，私营部门的女董事长也不多见。大型企业的天花板似乎最难打破，这些企业依然主要由男性把持。2009年，世界500强企业中只有13家企业有女董事长，比例不到3%。在欧洲33国(欧洲联盟27国以及6个其他国家)，也存在大企业最高决策部门高层职位，即女董事会主席比例非常低的情况[33]。在这33个国家中，2009年所有大型上市企业董事会主席均为男性的国家达到16个；只有3个国家(保加利亚、斯洛伐克和挪威)董事会主席为女性的大企业比例达到10%[34]。在欧洲国家中，妇女担任大企业董事会主席的平均比例为3%。在2013年，Catalyst发布的《财富1 000中的女性CEO》中统计显示，财富500强企业中，女性CEO的比例为4.2%，在财富1 000强企业中，女性CEO的比例也仅为4.5%[35]。

OECD 2010年的报告显示：OECD国家与一些新兴经济体国家在女性劳动者和女性高级管理者的比例上存在显著差距。虽然经济合作与发展组织中女性劳动者的平均比例为45%，但这些国家中的女性高级管理者(包括议员、高级官员和管理人员)仅占30%左右[36]。

1.6.2 女性领导者

女性领导者研究

对于女性领导的研究，主要是从两个视角展开的，一是管理学者从管理学角度进行的研究；二是性别研究者从性别分析的角度进行的研究。然而两个视角在一定程度上存在交叉。以往有关女性领导的研究绝大部分没有将女性和男性区分开来，只是将女性和男性放在一起进行比较。具体的研究主要有领导风格、领导优势、领导力等几个方面。

在领导风格方面，西方学者自 20 世纪 80 年代起就开始争论两性领导风格存在的差异性。海吉森(Helgesen)、罗森纳(Rosener)等均撰文支持二者具有显著差异。如海吉森(Helgesen)提出了女性领导风格学说[37]，这种领导风格注重沟通、协调、良好的人际关系以及集体的成功。罗森纳(Rosener)在《哈佛商业评论》上指出男领导喜欢用交易式的方式，利用组织所赋予的职位权力进行领导；而女领导擅于用变革式的方式，利用个人魅力、与下属沟通协作以及敬业的工作态度来引导下属积极地实现组织目标和个人目标[38]。国内学者屠立霞认为男性独立自主、带有竞争性的领导风格更接近任务导向型，而女性擅长沟通、协作的领导风格更接近社会导向型[39]。男性企业家作决策时强调合理性，女性企业家则力求既合理又合情。罗宾斯研究了大量领导风格性别差异理论后得出，女性和男性确实存在着不同的领导风格，女性相对于男性倾向于采用更为民主型和参与型的领导风格[40]。他指出，在今天的组织中，灵活性、团队合作、信任等特点迅速地取代了僵化的结构、竞争的个人主义、控制和保密这些特点。好的管理者对下属认真聆听，充分鼓励和支持，他(她)们实行鼓励和影响而非控制。总体来说，女性在这些方面似乎比男性更为出色。沟通的需求促使女性关心他人[41]，这种偏好决定了女性擅长以关系为基础的领导风格[42]。关系型领导风格导致她们与男性在领导岗位的行为方式不同[43]。女性领导者往往重视员工的协作，建立共识且工作积极[44]。女性领导者的成功往往依靠变革型领导风格[45,46]，她们有较强的自我认知，且不喜欢有竞争性的问题解决方式[47]。女性高管可能比男性高管更依赖并擅长沟通领导与参与领导[48]。马尔夫(Marve)等人认为女性高管尊重、鼓励并且认同集体努力[49]。她们偏好团队管理[50]，并认为对事物的敏感和积极回应是优秀领导力的重要组成部分[44]。

在领导力方面，专门针对女性领导能力的研究不多。管理专家海吉森(Helgesen)认为，女性是有效的领导者。女性常以新奇独特的视野去寻求改变，并且女性具有自身独特的工作天赋、想法、态度和方式，有能力带领组织进行变革以适应新经济时代的需求[51]。布朗(Brown)等人认为女性的认知整合能力较强[52]。童兆颖认为女性领导力包括核心专业技术能力、敏锐性、进取心、组织力和创造环境的能力等[53]。屠立霞[39]指出女性领导具备新经济时代所要求的领导能力，如推进远景规划、开展组织变革、敬业心、友情感召、变挑战为机会、关注顾客的偏好、执着韧性、敢于创新等[39]。叶忠海认为，女领导擅长调查研究、识人用人、具体执行，但在事业开拓创新、战略决策、对外交往、危机管理方面的表现就要差些[54]。

在领导优势与角色方面，加拿大著名管理学家亨利·明茨伯格（Henry Minizberg）曾在《关于管理的十个冥想》中说："组织需要培育，需要照顾关爱，需要持续稳定的关怀，关爱是一种更女性化的管理方式。"从这个角度来说，女性在管理上具备的优势，与其天性密切相关。女性一般有更强的交际、合作和动员能力，相对于男性领导在管理工作中有其特有的性别优势。在制定工作目标、对待具体事务及处理人际关系三个方面，女性领导的优势尤为突出[55]。有学者总结出女性领导者在管理上存在独特的性别、语言、社交、思维、耐力优势[56]。

从性别角度对基础领导理论的研究：英国管理研究所的研究报告《管理走向黄金时代》认为，未来领导者应具备的基本心理素质是：灵活性和适应性、专致精神、精力充沛、对组织变革的敏感性。所有这些都是参与领导的妇女的主要特征。妇女完全具备领导各种组织的能力，因为她们善于处理社会、工作和家庭各个方面的变化。坎特（Canter）最早对组织中的性别比例进行研究。坎特认为，两性数量平衡、人力资源的合理配置是组织的最终目标，这能充分利用处于少数比例的群体的竞争力，最大限度地发挥组织的人力资源的作用[57]。巴托（Bartol）对女性领导者的研究结果表明，女性领导者能够提高下属对工作的满意度并有良好的表现[58]。也有研究表明，领导被确定为一个地位高的角色，一些妇女本身对领导角色带有抵触情绪[59]。获取较高地位的女性往往被视为不合理，因为组织认为她们地位低下[60]。此外，女性领导者被高于评价男性的标准评估，认为其领导力不够有效[61]。

1.6.3 女性职业发展中的障碍

社会性别与角色期待

社会性别（Gender）的概念于 20 世纪六七十年代成为西方女权运动第二

次高潮的核心概念。社会性别作为一个社会、文化、政治和历史的范畴，指的是“由社会文化形成的对男女差异的理解，以及社会文化中形成的属于女性或男性的群体特征和行为方式”。随着家长制家庭，尤其是随着一夫一妻制个体家庭的产生，情况就变了。家务的料理失去了自己公共的性质，它不再涉及社会，而是变成了一种私人的事务，妻子成为主要的家庭女仆，被排除在社会生产之外[62]。社会性别是一种社会关系，也是一种权力关系，全世界普遍存在的男女不平等状况实际上包含着男性对于女性的统治与支配的关系。父权制社会下，这种权力关系最直接的体现就是男性的统治与支配地位，女性的被统治与被支配地位；男性的主体地位，女性的客体地位。英国社会学家华尔比(Walby)用父权制的概念揭示了男女两性不平等再生产的社会机制。他认为，父权制是一种男人支配女人、压迫女人和剥削女人的社会结构和实践体系。虽然女性可以参与公共领域，如有报酬的社会劳动，但仍然被隔离在财富和权力大门之外。而现代社会，父权制正在由私人领域走向公共领域[63]。伊格雷(Eagly)在她的社会角色理论中假定，社会对于男性和女性的社会角色强加不同的规范和行为期望，这些差异将导致劳动分工，削弱女性的社会影响力[64]。从心理学角度来看，角色是社会对人的期待，也是一种社会规范，社会对一定的角色总有一定的要求和限制，即权利和义务。社会中每一个人都应该按照他所扮演的角色去行动，努力去实现他们自身应该体现的行为模式和要求。这种行为模式和要求是社会所期待的，所以也叫角色期待[65]。正是由于角色期待，女性往往被安排在更适合女性特质的辅助性岗位上，无法顺利实现职业晋升。

角色冲突

罗宾斯(Robbins)将角色冲突定义为：当个体面对分歧的角色期望时所产生的不平衡状态。个体如果顺从某个角色的要求，就很难顺从另一个角色的要求，当无法同时满足各种角色的要求时，角色冲突就出现了[66]。

作为工作中的女性，要承担多重社会角色，包括职业工作者、母亲、配偶等。由于受到传统社会角色期待的限制，女性对家庭的责任要比男性更突出。这不可避免地导致女性进入职业领域后会经历更多的工作家庭冲突。女性领导者更常是女性角色和女性地位的矛盾体，在“贤妻良母”以及“女强人”两种模式上存在社会压力和角色冲突。两种职能和责任与职业发展几乎处于同一时期，不可避免地要发生矛盾冲突[67]。女性领导往往难逃角色冲突的困扰，繁重的家务劳动占据了学习与提高的时间，同时也消磨了职业进取心，时间以及角色冲突导致她们错失许多发展机会。吴谅谅等发现“工作负荷”、“工作投入”、“配偶压力”、“家庭干扰工作”、“家庭投入”和“家庭满足感”等因素是角色冲突的几个重要影响因素[68]。许多研究都显示职业女性花在家庭以及家务中的时间比男性多很多，在工作和家庭活动时间上的总量也比男性多很多。男性用于家务上的时间仅有女性的二分之一，花在孩子上的时间只有女性的三分之二[69]。

刻板印象

性别刻板印象是指人们对男性和女性在行为、个性特征等方面予以的归纳、概括和总结，它往往不以直接经验为依据，不以事实材料为基础，是存在于人们头脑中的一些固定的看法。它会直接影响到男性和女性的知觉、归因、动机、行为以及不同职业的选择[70]。“刻板”在社会心理学中是用来表示社会认知偏向性和凝固性的。刻板印象即用固化的、定式的观念去评价人、群体和社会，并形成先入为主且难以改变的印象。而性别角色刻板印象，就是人们对女性或女性在行为及人格特征等方面的期望、要求和笼统的看法[71]。

凯勒曼(Kellerman)和鲁德(Rhode)认为，社会大众对“女性不是领导”这一刻板印象的形成起到了很大的作用。大众已经习惯于相信男人天生被赋予责任，女人天生被赋予照顾[72]。因此女性更倾向于将成功归因于机会或外部因素的影响而非她们的辛勤工作或先天能力。伊格雷(Eagly)等人认为社会对女性性别角色的认知与对典型的领导者角色的认知不协调，这往往会造成对女性领导和潜在的(女)领导人的偏见。这种偏见存在两种形式：(一)女性领导者的评价不如男性，因为领导能力是以男性的标准刻画的；(二)女性领导者的领导行为相比于男性也被视作不令人满意的，因为组织领导行为也被塑造为男性标准[73]。海尔曼(Heilman)的研究推测，刻板印象也造成了对工作评估的偏见，这又反过来导致贬低女性的职业表现，否定女性获得的成功[74]。2000 年 Catalyst 研究也指出男性领导风格以及对女性作用和能力先入为主的刻板印象，是提高女性地位的最大障碍。

1.6.4 各国提高女性领导者地位的法律及行动

21 世纪以来，“玻璃天花板”遭到巨大的挑战，各国政府为了提高女性的竞争力，保障女性的话语权，纷纷出台政策、采取措施提高女性管理者的地位和参与率（见表 1）。

表 1 各国提高女性领导者地位的法律及行动

国家或地区或机构	政 策 与 立 法
法 国	2001 年 5 月 9 日，制定关于人力资源管理的法律政策：要求雇佣、职业机会、培训、报酬、工作与生活的均衡；并强调女性的职业发展以及获取高层职位的通道。 2001 年 1 月中旬议会通过法案，要求到 2017 年之前上市公司中女性董事的配额达到 40%，2014 年前完成目标达到 20%。
希 腊	2001 年，政府设定配额：地方或地区公共部门或行政机构的选举名单中女性至少占三分之一的席位。
荷 兰	政府的指导方针建议所有超过 250 名员工的企业，其董事会成员中女性至少占比 30%。若该目标在 2016 年 1 月未实现，企业需提交达成目标的计划书。
葡萄牙	2003 年《劳动法》专门开辟性别平等和非歧视这一部分。平等，公民身份和性别的国家计划Ⅲ（2007—2010）确定了五大战略性干预领域，32 项目标以及 155 项措施，并确立了具体指标和实体负责执行。
德 国	2010 年修订的《德国企业管治条例》提出企业董事会招聘时要加强多样性。政府设定目标于 2018 年女董事达到 30%的代表率。
英 国	2007 年 4 月，性别平等职责法条生效，要求所有公共部门主体消除性别歧视和性骚扰现象，并且提升男女平等的机会。 政府要求伦敦《金融时报》100 指数的企业在 2015 年前女董事的比例不低于 25%，并且建议所有《金融时报》350 指数成分公司明确地制定其 2013 年和 2015 年的女性占比目标。

（续表）

国家或地区或机构	政　策　与　立　法
西班牙	2007年通过性别平等法案，开启了公共政策覆盖领域的平等对待和平等机会；促进公共部门以及上市公司董事会中男女的均衡参与。 员工超过250名的马德里指数35的企业以及上市公司到2015年达到各个性别不低于40%的代表率，达到该比例的企业将被给予分配政府合同的优先地位。
波　兰	公司管制守则要求企业均衡性别代表率。
意大利	到2015年，企业董事会中女性的比例须达到三分之一，否则将面临高达100万欧元或130万美元的罚款，并且视董事会选举无效。
比利时	2011年6月议会通过计划，强制公营企业以及上市公司董事会中女董事要占到30%的席位，今后不管是男董事还是女董事离职或退休，董事会的席位都由女性来填补，直到达到目标为止。大型企业的年限为6年，中小型企业的年限为8年。若到时达不到目标，董事会的所有成员都将失去其职位本应拥有的福利。
奥地利	2011年3月，政府同意向监事会的国营企业实行女性配额，2013年需达到25%，2018年增至35%。
丹　麦	2008年的"遵守或解释"守则要求所有的任命均需考虑多样性原则。
芬　兰	2010年1月1日起，所有上市公司的董事会执行男女1∶1的配额。
挪　威	2002年，政府要求私营上市公司在2005年7月前达到董事会女性占比40%的目标，但2005年7月，女董事的比例仅达到24%。2006年1月，政府立法将截止日期延至2008年1月，否则将面临罚款或关闭的危险。最终于2009年完成目标。
瑞　典	"遵守或解释"守则要求企业董事会为性别平等努力。
冰　岛	2010年通过配额法(2013年9月前各个性别比例至少40%)，针对公营企业以及超过50人的公共有限责任公司。
俄罗斯	欧盟的性别政策对中欧、东欧的新成员国具有约束力。
美　国	根据多德-弗兰克法案，多样性办公室将完善法规，确保在与政府机构合作的企业中少数群体以及女性的平等权益。 2009年12月美国证券交易委员会引入新的守则，要求上市公司对外公布董事会提名委员会在选拔董事会候选人时考虑多样化原则。
加拿大	2012年的预算中，政府提出为私人部门及公共部门领导人设立顾问委员会，以提升女性在企业董事会中的代表率。

（续表）

国家或地区或机构	政　策　与　立　法
墨西哥	2002 年，联邦选举法做出重大变革，要求政党为女性候选人的比例设定配额，最低不能低于 30%。 2006 年 8 月制定男女平等的一般性法律，要求保证性别平等以及非歧视原则，为女性充分授权。
阿根廷	早在 1991 年梅内姆政府时期，就通过女性配额法律，要求政党提议的合法职位中至少有 30%为女性。 布宜诺斯艾利斯市政府立法机关将 2009 年定为“妇女权力年”。
澳大利亚	澳大利亚证券交易所的多样化指导方针要求企业透露女性员工、女董事的数量。
新西兰	新西兰 2008 年妇女参与率变化的普查议程要求国家服务部长在国家服务委员会树立一个标杆，在未来 5 年行政长官的任命上达到性别平等。
中　国	由国务院颁布的“中国妇女发展计划（2001—2010）”提出新的目标、任务与措施促进女性在新世纪的发展。
印　度	公司事务部已经提出强制要求指定类型的公司至少有一个妇女理事。
马来西亚	2016 年之前所有超过 250 人的公营企业或有限责任公司的董事会或高层管理职位中至少有 30%的女性。
土耳其	2002 年的土耳其民法典和 2005 年的土耳其刑法典规定提升女性在社会、经济及政治生活中的平等参与。
南　非	性别平等法案正在定稿，这将赋予政府权力要求女性在董事会以及领导岗位上至少一半的参与率。 关于黑人经济授权的政策制定明确目标，要求董事会大力提高种族多样性。

1.6.5　高等院校领导的群体特征

对高等学校领导的研究在国外起步较早，并且长期受到学者和研究机构的重视。相关研究的关注点集中于高等学校领导的特征与贡献，晋升路径与职业生涯，领导方式与选拔晋升等[75]。

高等学校领导的群体特征研究发展较早，长期以来一直吸引学者的关注。且高等学校领导的群体特征研究多倾向于研究大学校长群体的背景资料，可分为年龄、性别、种族、宗教、学历、研究方向、地理位置、就任前的职务、家庭婚姻、晋升方式等方面[76,77,78,79]。美国教育理事会先后在1986、1990、1996、1998、2002、2006、2010年进行了7次全美大学校长调查。ACE的调查数据是通过卡内基分类对大学校长的形象特征进行评估，大学校长被分为来自授予博士、硕士、学士、副学士学位的学校及专业高等学校。1998年ACE的调查显示：大学校长的年龄中位数是59岁，授予博士学位的大学中有13.2%的校长为女性，7%为非白人。此外，76.6%的授予博士学位的大学校长拥有传统自然科学、社会科学和(或)人文科学的哲学博士学位，最普遍的是在社会科学领域[80]。2006年的调查结果显示大学校长的群体特征为：男性，已婚，白人，获得博士学位，晋升之前具有教师或学术行政的经历，担任所在学校校长的平均时间为9年。从1986年到2006年这20年间，大学校长的群体特征除年龄显著增加外，其余大部分特征基本保持不变[78]。此外，另有一些学者个人或大型机构也对大学校长的群体特征进行了研究。麦肯尼(McKenney)等学者通过对美国公立社区大学的研究，发现“女性首席学术官的形象特征是一个51岁的具有博士学位已婚白人妇女”[81]。桑切斯(Sanchez)将大学校长的群体特征与晋升途径进行了交叉研究，并且将现在大学校长的群体特征与以往研究中的校长背景进行对比[79]。

在我国的高等教育研究中，对大学校长的研究从恢复高考以后开始活跃。国外学界的相关研究对我国学者的进一步探索具有重要的借鉴意义。目前，国内学界的研究成果多停留在理论分析、逻辑演绎的阶段，鲜有研究者使用实证资料对高等学校领导的群体特征进行分析与论证，可得的文献非常有限。相关研究有白保中对中国排名前50名大学的校长群体特征进行了分析[82]；张光进对中美大学校长的群体特征进行了探究[83]；姚利民对中国34所知名大学校长的个人特征进行了分析[84]；牛维麟对中美大学校长的基本特征进行了比较[85]；柏美屹、朱萃对我国36所师范大学校长的群体特征进行了研究[86]；尚冠军对我国115所大学校长的职业背景进行了研究[87]；姜朝晖、郭俊对中国“985工程”和“211工程”大学校长的国际化特征进行了分析；郭俊、孙钰、黄鑫对中国115所“211工程”大学校长的教育学术背景进行了研究[88]；林挺进、储妍对国内75所教育部直属高校的校长和书记的角色特征进行了比较[89]。

1.6.6 高等学校领导中的铿锵玫瑰

女性越来越多地参与到高等教育领域，也有一些研究者将注意力转移到高等学校女性领导。已有的研究主要集中于对其职业现状、管理优势、地位状况、职业路径、职业困境以及对策的分析。

在职业现状的调查方面，科里乌尼亚克(Chliwniak)在1997年的研究中发现，美国大学中，只有16%的大学校长是女性，13%的首席业务官是女性，25%的首席学术官是女性。然而，女性学生却占学生总数的52%以上[90]。2006年ACE的校长调查显示23%的大学校长为女性，45%的高层行政人员为女性[78]，首席学术官有38%为女性[91]。2008年，《高等教育纪事报》报道美国38%的女性首席学术官有望成为大学校长。在商业及教育领域，有许多妇女成功获取行政管理职务。2012年，美国教育理事会发布的《美国大学校长年度报告》指出，2006年至2011年间，女性担任大学(所有公立、私立的博士学位授予学校，硕士学位授予学校，学士学位授予学校及专科学校)校长的比例由23%增至26%[11]。而在8所常春藤大学中，校长男女比例各占一半。即使妇女已经出现在显赫的领导人名单上，这个数字仍然低于她们的男性同行[78,92]。2007年中国人民大学“中国大学校长素质研究”课题组对我国1 792所高等院校的时任校长进行了调查，结果显示我国大学校长中女性比例仅占4.5%[13]。

在女性的管理优势方面，世界银行2000年政策研究报告中，引用的亚非发展最近30年的统计数据表明：女性参与高等学校决策管理的程度越高，对高等学校事务管理的影响就越大，腐败程度就越低，并且女性领导者对社会保障、儿童教育和公共福利等高等教育发展中不可或缺的事务投入了更多关注[93]。胡滨认为高等学校女性领导既有一般女性领导的特点，还具备自身的特性。高等学校女性领导兼具知识性、独立性、协调性、亲和力，是高等学校领导人才队伍中不可缺少的重要部分[55]。张富荣指出，在实行“以人为本”的现代高等学校管理中，把女性特质如重感情、表达能力强、善于沟通合作、关心他人等引入管理工作领域后，容易产生一种关爱、友好的和谐氛围，有助于人际间的沟通和亲和力的增强，女性的这种感性特质越来越成为高等学校人性化管理必备的重要因素[94]。

在女性领导地位状况方面，谢克谢福特（Shakeshaft）在其著作《教育管理中的女性》中指出，权变理论和教育领导行为两维理论的研究过程中严重缺失女性话语和经验，并质疑它们的有效性和适用性[95]。邱婧提出，女性在高等教育系统内的增加反映出高等教育管理权的获得不再是传统的以男性为主，随着女性接受高等教育机会的增加，越来越多的女性参与到高等学校教师的队伍当中，而且更广泛地向高等学校管理层扩散[96]。孙杰认为，随着社会的进步和观念的变革，“男女平等”正在成为我国社会公众的主流意识，但两性地位的总体差距依然存在，从教育领域来看，从事教育行业的女性人数多于男性，但一般来说多数女性都是处在教学岗位，管理者中虽然也有女性，但很多情况下她们只是处于一种性别搭配的象征性地位[97]。

在职业发展路径方面蒙里格梅利（Monigomery）通过访谈成功的女校长，系统总结出了女性领导成功模式的七大步骤，即建立目标、设定可预期远景、建立特定的具体步骤以达成目标、认清目标不断成长与学习等[98]。

在职业困境方面，埃克曼（Eckman）指出，传统社会的角色期待和定位对女性教育工作者在追求领导职位和工作绩效上影响重大，其调查结果显示婚姻才是影响女校长生涯晋迁和成就动机的关键因素，所以她提出在职场中制定对家庭友善等政策来化解女性校长的角色冲突[99]。束佳指出，女性由于天生的母性而造成了女性管理者角色与传统家庭角色的矛盾。一方面，她们无法与传统角色决裂；另一方面面对知识的更新、职称的评定、职级的升迁、人际关系的处理，她们又不甘落后。因此，传统家庭角色的限定与高等学校女性管理者角色的矛盾冲突是大多数女性不得不面临的问题[100]。

在对策分析方面，张艳玲、胡中锋提出，国家教育主管部门和高等学校本身应当从组织公平的三个基本衡量标准出发，抛弃对女性领导者的传统角色定位，努力营造宽松和谐的组织气氛，广纳优秀的女性领导者，为女性领导者职业发展创造有利条件和制度保障，从而进一步推进高等学校的改革[101]。

1.7 国内外研究现状评述

第一，在研究内容上，有关女性领导的研究文献大多集中于分析企业与政府领域的女性管理者，专门研究教育领域的较少。

第二，在研究方法上，对高校女性领导大规模的实证研究较少，仅有个别研究者对一个地区或某一类型高校中的女性展开研究，且主要采用个案研究以及访谈的形式。

第三，在研究对象上，大多数对于高等学校领导的研究都聚焦于校长一人，缺乏对整个领导团队的研究。

第四，在群体特征研究中，性别仅作为一个分析维度，而没将女性列为单独的研究对象。且我国目前几乎没有针对高等学校女性领导群体特征开展的实证研究，此领域尚属空白。

1.8 研究设计与方法

1.8.1 总体设计

社会科学领域的研究从宏观的方法论层面来说，包括定性研究和定量研究两大类[102]。定量研究是基于理性和逻辑分析，借助数学工具，通过测量、统计分析等手段来对事物的量的方面的分析和研究，结果以数字呈现。在文献的阅读与整理中，国内外大量关于群体特征以及履历的研究都归属于定量的方法，本研究主要是通过研究高等学校女性领导的履历了解群体特征，因此主要采取定量的研究方法。

调查研究设计是定量研究中比较常用的方法，它主要是用调查的方式了解一个样本或全部人群的态度、观点、行为或特征。调查研究一般运用问卷、访谈等方法收集定量数据，并使用统计分析数据和资料来描述一般趋势[103]。

本研究主要采用的是横断面调查研究设计(Cross-Sectional Survey Design),所需数据在一个较短时间区间内收集,以个人为单位收集信息,用于描述人群的特征。基于本研究的研究目的与研究对象,本研究属于全国调查(National Survey)的范畴。

1.8.2 研究问题

(1) 在我国普通本科院校中,相较于男性领导,女性领导的整体群像是怎样的?

(2) 在我国普通本科院校中的女性领导群体内部,在不同层次院校间、不同职位及不同职务上,其任职特征是否存在差异?差异是什么?

(3) 影响我国普通本科院校女性领导任职现状的原因有哪些?

1.8.3 研究对象

我国的高等学校,根据提供的学习形式的不同,可以分为普通高等学校和成人高等学校。截至2012年底,我国共有普通高等学校2 442所,成人高等学校348所,普通高等学校是高等学校的主流类型。而根据学历层次的不同,普通高等学校又可以分为普通本科学校和普通专科学校。截至2012年底,我国共有普通本科学校1 145所,普通专科学校1 297所。尽管普通本科学校数量略低于普通专科学校数量,但我国2012年本科生在校生规模已达14 270 888人,高于专科生在校规模的9 642 267人[104],本科教育已成为普通高等教育的主流类型。此外,相较于专科学校而言,本科学校的相关资料更加可获得和更加透明,便于研究的开展。因此,本文将关注于我国的普通本科学校。

根据教育部《2013年具有普通高等学历教育招生资格的高等学校名单》,我国共有879所普通本科院校(含民办)和287所经国家批准设立的独立学院,这1 166所高等学校即为本研究的样本来源。

根据《中华人民共和国高等教育法》，国家创办的高等学校实行中国共产党高等学校基层委员会领导下的校长负责制[24]。中国共产党高等学校基层委员会按照中国共产党章程和有关规定，统一领导学校工作，支持校长独立负责地行使职权，其领导职责主要是：执行中国共产党的路线、方针、政策，坚持社会主义办学方向，领导学校的思想政治工作和德育工作，讨论决定学校内部组织机构的设置和内部组织机构负责人的人选，讨论决定学校的改革、发展和基本管理制度等重大事项，保证以培养人才为中心的各项任务的完成。因此，本研究所指的领导包括党委和行政两套领导班子，具体包括党委体制下的党委书记、（常务）副书记、纪委书记与行政体制下的校长、（常务）副校长。

需要指出的是，我国不同类型的高校校领导行政级别以及任命方式存在一定差异，如部分高校党政一把手为副部级并由中央任命，民办院校的校领导为非体制内聘用形式，而独立学院的校领导则一般是由其母体学校管理，不同类型高校对于女性领导的任用标准可能因此存在差异。本研究立足于我国所有普通高校女性领导群体特征的考察，故不做具体区分。

在每一所高等学校中，党委领导与行政领导所组成的领导团队共有10人左右。为了将男性与女性高等学校领导进行比较，有必要同时收集男性领导的信息。本研究采用普查的方式对我国本科学校女性领导进行研究。

1.8.4　研究方法

履历研究法

本研究首先主要运用履历（Curriculum Vitae，CV）研究法研究我国高等学校女性领导的职业特征情况。对于科研人员来说，履历记录了一个科学家的成长历程，是其职业生涯的真实写照，信息量极为丰富，包括教育、学术、职业位置变迁、出版物产出、获得资助及荣誉情况等。履历研究法主要是以人员的履历作为数据来源和基础，对履历中包含的人员信息进行编码和分析，同时借助相应的描述统计分析方法来分析人才的职业发展轨迹、职业特征、流动模式及人员个人和组织的评价等问题。

履历研究法的使用最早源于美国乔治亚理工大学开展的一项“研究价值描绘（Research Value Mapping，RVM）”的科研项目，该项目 1996 年开始设立，研究内容聚焦在政府资助的项目和机构的评价方面。在 RVM 项目研究中，一个主要的目标就是要提出新的科技政策研究的方法或技术，履历研究法就是基于这个背景被提出来并在研究中得以实际应用的[105]。

2009 年，《学术评价》(*Research Evaluation*)出版了一期专辑，重点介绍了最近关于利用履历开展科技人才政策研究的情况，提到在 RVM 项目使用履历研究法之前，它是一个非常少见的研究工具，目前履历研究法已被看作为一种在科技人才政策与科研评价研究中应用的最新工具与方法，虽然目前使用的规模较小，但其发展迅速[106]。

从现有的研究来看，履历研究法应用的研究领域主要从三个层面展开。

（1）职业生涯。

科雷（Corley）等通过履历比较了男性和女性科学家之间职业发展的差异，主要研究对象是在美国大学学科交叉中心工作的人员[107]。他们分析了女性科学家工作地点的不公正，流动的限制，职业的中断，在雇佣、提升中受到的歧视，缺少正式的和非正式的职业早期支持，与其他同事网络工作的隔离。研究中使用的履历数据来源于美国国家科学基金会（National Science Foundation，NSF）和美国能源部（Department of Energy，DOE）支持的大学学科交叉科学中心的研究人员，限定在生物技术、生物化学、生物工程和微电子四个研究领域。共有 1 061 份履历，包括 136 个女性科学家，所有的科学家都获得了博士学位，数据中不含研究生，但是包括了博士后研究人员。桑德斯罗姆（Sandstrom）结合履历研究法和文献计量学的数据联合开展研究[9]。研究对象是获得过瑞典研究基金会资助的医学领域的科学家，共计 326 名[108]。

（2）职业特征与流动模式。

科技人员的职业发展特征与规律一直是科技人才政策研究中的热点问题。迪茨（Dietz）等使用履历研究法来分析科学家和工程师的职业发展情况[109]。他们提出，科学家和工程师的职业轨迹与其他的职业发展有很多的共通之处，如激励因素与其他的职业区别不大，包括收入、成就认知和需求以及对工作的兴趣等。迪茨等人认为，履历研究法可以看成是一个纵向的数据库，而且它还可以与其他的数据库结合使用，如 SCI 数据库等。他们选取生物技术和与微电子相关的学科领域中的科学家作为研究对象，通过 E-mail 请求其通过邮件提供完整的履历，同时也通过网络搜寻科学家的履历信息。通过 E-mail联系专家得到反馈的比例是 30%。基于这些数据信息，迪茨等分析了大学的科学研究中心的科学家如何向工业界流动，他们之间在产出上的差异以及不同的合作模式等。

(3) 合作能力与模式。

高根(Gaughan)和博兹曼(Bozeman)[110]则利用履历研究基于中心资助模式的科学家(稳定支持模式)和基于项目争取模式的科学家(竞争支持模式)在科学产出和企业联系方面的差异问题。他们在研究中发现，美国传统的资助科学和工程的模式是采取项目支持竞争申请的模式，这在目前依然是主流，但是 NSF 稳定支持的多学科中心的模式也在增长。

本研究所涵盖的履历信息具体可分为以下五大类，15 项具体信息见表 2。

表 2　本研究收集的高等学校女性领导的职业特征

基本信息	学校、性别、职位、出生年月、出生地、初任现职的年份
学历状况	是否博士、博士毕业学校
学术背景	是否教授、是否院士、院士单位、研究方向
国际化背景	是否具有海外经历
晋升方式与工作背景	晋升方式、工作经历

内容分析法(**Content Analysis**)

内容分析法是一种对研究对象的内容进行深入分析，透过现象看本质的科学方法。内容分析法的雏形出现于 20 世纪初，主要用于统计和分析新闻媒体领域，以此发现和了解社会及文化的变化趋势。随着内容分析法的应用领域的扩大，其重要性日益凸显，众多研究者开始关注其在社会研究中的巨大作用和潜力。

内容分析法是一个基于编码技术整合相似词频，归纳有用类目的系统的、可复制的研究技术[111]。它既可以用于定量研究，又可用于定性研究。曼宁(Manning)和卡勒姆-斯弯(Cullum-Swan)认为内容分析法是标准化测量技术应用以后以定量研究为主的研究方法[112]；梅里厄姆(Merriam)指出，在某种意义上，内容分析法的定性分析主要是指从文件、现场记录、访谈记录，以及定量数据等内容中提取重复出现的形式和主题进行分析[113]。

本研究主要采用此方法对高校女性领导的履历简介、新闻、访谈、回忆等文本资料进行词频和主题整理、分析，挖掘出女性领导取得成功的因素。

1.9 技术路线与实施步骤

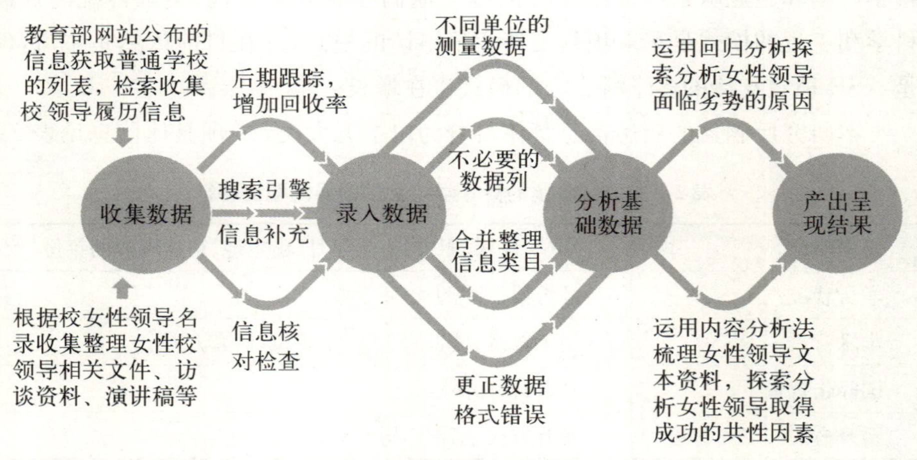

图2　本研究的技术路线

1.9.1 数据收集

收集履历信息的方法主要包括向被研究者发送 E-mail、实地访谈和网络搜索等[114]。本研究使用的履历和人物访谈资料的收集方法主要是利用网络进行检索。

(1) 通过教育部公布的信息获取本科学校的列表。

(2) 在搜索引擎上获取每个学校的网址，进入该校的门户网站，查找校领导的履历资料。同时借助百度、Google 等大型搜索引擎补充完善校领导的履历。

(3) 根据所收集到的女性领导的名录，搜索其相关访谈、演讲稿等文字资料。

(4) 对获得的校领导履历、简介，以及新闻、访谈等文本资料进行整理和分类。

1.9.2 数据分析

首先，在女性领导群体特征探索部分，本研究主要利用 SPSS 20.0 对履历信息进行相关的编码、录入和分析。

编码。高等学校女性领导群体的履历包含了很多信息，对履历信息进行编码使之便于研究很有必要。构建一个完整的可以用于分析的履历数据库是开展履历研究的基础。

录入。将已收集到的履历信息按照编码表的要求一一对应录入 SPSS 20.0，对收集中出现的错误再次进行核对更正。

分析。为了解样本的一般情况，本文先对基本信息、学历、学术、国际化以及晋升方式各变量进行百分比、平均数以及分布的计算，简要描述分析；在变量之间的差异性与相互关系上，本研究主要采用皮尔森卡方检验(Pearson's chi-squared test)及费希尔精确检验(Fisher's exact test)方法进行推断分析，以了解我国普通本科院校中男性、女性领导群体特征的差异，不同类型学校、正副职以及党委行政两大班子中女性领导的任职特征差异。研究主要采用皮尔森卡方检验(Pearson's chi-squared test)的方法进行检验，但由于存在部分单元格数据较小的情况，无法满足卡方检验的条件，因而进一步采用费希尔精确检验(Fisher's exact test)作为补充。因此，在本研究出现检验的地方本文未做具体区分，而统一使用统计学检验这一概念。

其次，在原因探索部分，本研究首先采用逻辑回归分析(Logistic

Regression)的方法，对影响女性领导就职学校、职位高低及任职职务三方面因素分别做了单因素和多因素分析，探索出导致我国普通本科院校女性领导面临劣势的内外部因素；同时，以搜集到的女性领导的简介、新闻、访谈文本资料为基础，对数据资料进行内容分析，整合、归纳、提炼出这些女性领导取得成功的共性因素。

1.10 有效性与可靠性讨论

1.10.1 有效性

有效性(Validity)即表示一项研究的真实性与准确性程度。它与研究的目标相关，一项研究所得结果必须符合其目标才是有效的，因此效度是达到目标的程度。在定量研究中，研究发现的有效性基于可测量的产出。本研究对于有效性分析主要从内部有效性(Internal validity)和外部有效性(External validity)[115]以及内容有效性(Content validity)三个方面展开。

内部有效性是指调查设计避免非随机错误或偏差的程度，外部有效性是调查设计产生的结果适用于调查的目标人群，具有推广性。内部有效性是外部有效性的保证[116]。

调查设计研究的有效性受到成熟(Maturation)、选择(Selection)及损耗率(Attrition)等因素的制约。

成熟(Maturation)即表示随着时间的推移，研究参与者的态度或状态发生了改变。在本研究中，数据收集过程的前期到后期可能涉及被研究对象的职位与身份变迁，因此会存在测量误差。为尽量减小误差对结果的影响，本研究将集中时间尽快完成数据的收集。

选择(Selection)关注的是研究参与者的代表性以及平等机会，有没有以随机的方式产生样本。本研究不采用抽样的方式选择研究样本，而是目标人群进行整体研究。因此在设计上不存在抽样带来的错误与偏差，同时也最大限度地提升了外部有效性(External validity)。

损耗率(Attrition)关注的是调查信息的完整性。本研究将通过学校门户网站、搜索引擎、向被研究对象发送电子问卷并加强后期追踪提高回收率的方式进行调查,多种渠道最大限度提高履历信息的完整程度。

内容效度是指研究设计本身有无不当之处,以致研究结果无法解释。本研究将采用专家判断的方法,请相关专业老师对研究设计以及履历结构的设计内容作出判断,提出建议。

1.10.2 可靠性

可靠性(Reliability)是指测量结果的一致性、稳定性及可信度。可靠性概念是研究者们为了反映测量的稳定程度而提出的。

由于研究是由单一研究人员完成的,并且无法复制数据采集的过程,在这种情况下,所采集的数据质量往往依赖于研究者的专业程度。在本研究中,由于高等学校领导的履历资料来源广泛,因此需要借助各种方式相互补充、相互核对信息,尽可能保证信息的真实可靠性。同时,履历数据信息量大,每位领导的履历有 16 个变量和数据。数据录入与信息编码费时费力,因此需要进行多次复查避免因工作疏忽而产生错误。

1.11 伦理问题

莫斯提卡斯(Moustakas)提出人文社会科学的研究者需遵守不造成伤害的伦理底线[117]。邓金(Denzin)和林肯(Lincoln)总结出在研究中需要坚持的三大伦理原则:一是告知同意,二是保障隐私,三是防止伤害[118]。

坚持伦理原则,保障研究参与者的自身权益是本研究开展的基础。同时保证其信息不被他用,仅作为本研究使用,在使用过程中确保其信息的隐蔽性,并且防止任何损害参与者利益的行为发生。在本研究当中,涉及被研究者的近 20 项资料,其中包括基本信息、学术背景、工作经历等信息。因为本文主要从公开渠道获得履历,将较少对研究对象的隐私问题造成影响。在向高等学校领导发送邮件获取履历信息时，本研究会告知说明研究目的、研究方法及研究用途，尽力获取参与者的信任与配合。在本研究的分析中，将不出现具体观察对象的姓名。

1.12 研究创新点、难点以及研究局限

1.12.1 创新点

首先，关于大学校长的研究，国内起步较晚，研究内容较为抽象，鲜有研究采用实证的方式对大学校长的群体特征以及群体差异进行系统的分析与论证，因此采用履历研究法对我国高等学校女性领导群体进行实证研究在研究方法上属于新的尝试。

其次，本研究选择对我国教育部批准的 1 166 所普通本科院校及独立学院的校领导进行普查，因此在研究规模上是一次新的挑战。

再次，在以往高等学校领导群体特征的研究中，性别仅作为研究的一个维度，而鲜有将女性作为一个单独群体；同时，已有的研究都将焦点集中锁定于大学校长一职，而缺乏对于整个领导层的关注。目前，我国没有关于高等学校女性领导群体的研究，本研究将高等学校的女性领导群体作为研究对象在选题视角上是一个突破。

此外，本研究更试图从不同类型高等学校、不同职位及不同领导班子三个维度探求女性领导层群体内部差异，使女性领导群体特征更客观更具体，也是本研究的创新尝试。

1.12.2 难点

本研究难点包括履历的可获得性与信息缺失问题以及数据整理与编码问题[108]。

首先，个人履历并不是轻易就可以获得的，在已有的研究中，研究者通常

都是通过向目标群体发送 E-mail，要求科学家提供个人履历，这种情况往往反馈率不高，一般在 30%—40%之间[105,109]。随着网络的快速发展，高等学校领导也比较注重自身的宣传，其个人履历也可以从学校门户网站以及网上获得，因此需要借助各种搜索引擎进行信息检索加以补充，同时需加强邮件的后期跟踪以提高问卷回收率，工作量较大。

其次，即使获得了科学家的履历，也存在信息缺失问题。并非每所高等学校公开的领导的履历都完整，符合本研究所需类目；也并非每所高等学校都公开领导的邮箱地址。

最后，本研究履历信息较为复杂，包含了五大类、16 项具体变量。数据整理以及编码是个繁复的过程，收集完成之后，还需要对数据进行筛选，剔除无效信息，并对有效的研究数据进行分类编码，该项工作完成的质量对研究结果具有关键作用。

1.12.3　研究局限

本研究的局限之一在于履历信息仅能反映出女性领导扁平化的外在形象特征，而无法进行深入互动，了解每一位女性领导内心的真实想法，只能选取个别有代表性的女性进行深入探索；第二个局限是由于每所高等学校公开信息程度不一致，甚至有的学校没有公开校领导的信息，因此研究中的数据及结论可能仍然不能完全反映所有高等学校、所有女性领导的情况。

第二章　样本收集概况

本研究的数据收集工作开始于 2013 年 11 月，完成于 2014 年 3 月，总共历时 5 个月。共对 39 所 985 高校、76 所 211（非 985）高校、764 所普通高校及 287 所独立学院的所有校级领导的简历进行检索采集，最终收集到校级领导履历共 7 796 份，在剔除姓名缺失、性别缺失及职位缺失等无效数据后，确定的最大有效样本量（回收率最高的变量所具有的有效样本）为 6 765 份。履历信息分为基本信息、学历状况、学术背景、国际化背景及工作背景与晋升方式五大板块，包含 15 项具体指标，这些信息能较为全面地反映高校领导的群体特征。由于高校领导的个人简历公开程度不一，因此各具体变量的回收率也不尽相同。本研究样本中各具体变量的收集情况整理见表 3。

表3　变量列表

变量名称	有效人数	百分比/N%	有效百分比/N%	累计百分比/N%
学校类型	6 765	100.0	100.0	
985 高校	423		6.3	6.3
211 高校	664		9.8	16.1
普通高校	4 805		71.0	87.1
独立学院	873		12.9	100.0
性别	6 765	100.0	100.0	
男	5 995		88.6	88.6
女	770		11.4	100.0
现在年龄	3 713	54.9	100.0	

(续表)

变 量 名 称	有效人数	百分比/N%	有效百分比/N%	累计百分比/N%
初任现职年龄	1 971	29.1	100.0	
民族	3 771	55.7	100.0	
汉族	3 449		91.5	91.5
少数民族	322		8.5	100.0
党派	5 478	81.0	100.0	
共产党员	5 253		95.9	95.9
民主党派	179		3.3	99.2
无党派	46		0.8	100.0
职位	6 765	100.0	100.0	
正职	4 841		71.6	71.6
副职	1 924		28.4	100.0
职务	6 765	100.0	100.0	
党委	3 963		58.6	58.6
行政	2 080		30.7	89.3
身兼两职	722		10.7	100.0
学历	4 848	71.7	100.0	
学士及以下	938		19.3	19.3
硕士	1 384		28.5	47.9
博士	2 526		52.1	100.0
最后学位授予学校类型	3 680	54.4	100.0	
985 高校	1 535		41.7	41.7
211 高校	780		21.2	62.9
国内其他高校	1 102		29.9	92.9
国外排名前 50 高校	45		1.2	94.1
国外排名 51—200 高校	51		1.4	95.5
国外排名 201—500 高校	69		1.9	97.3
国外排名 500 以后高校	98		2.7	100.0
是否教授	5 206	77.0	100.0	
是	4 211		80.9	80.9
否	995		19.1	100.0

（续表）

变　量　名　称	有效人数	百分比/N%	有效百分比/N%	累计百分比/N%
研究方向	3 009	44.5	100.0	
哲学	39		1.3	1.3
经济学	296		9.8	11.1
法学	271		9.0	20.1
教育学	439		14.6	34.7
文学	190		6.3	41.0
历史学	57		1.9	42.9
理学	203		6.7	49.7
工学	910		30.2	79.9
农学	148		4.9	84.8
医学	243		8.1	92.9
管理学	159		5.3	98.2
艺术学	54		1.8	100.0
是否院士	6 765	100.0	100.0	
是	41		0.6	0.6
否	6 724		99.4	100.0
有无海外经历	4 898	72.4	100.0	
有	1 131		23.1	23.1
无	3 767		76.9	100.0
晋升方式	4 563	67.5	100.0	
内部	2 617		57.4	57.4
外部	1 946		42.6	100.0

2.1 基本信息

根据办学目标、办学质量以及办学主体的不同，我国的本科院校被划分为不同层次，因而在学校数量、校领导配置结构、信息公开程度上也存在一定的差异。本研究将我国的本科院校划分为985高校，不含985高校的211高校（后文简称为211高校）、普通高校和独立学院四个层次。从这四类学校共收集到有效样本人数 6 765 人，其中，39 所 985 高校有 423 人，76 所 211 高校有 664 人，764 所普通高校有 4 805 人，287 所独立学院共 873 人。在所有样本中，男性为 5 995 人，女性为 770 人，女性校领导占比为 11.4%。

年龄可以理解为成长周期。在中国，要成长为高校领导，资历很重要，而资历则是随着年龄的增长逐渐累积起来的。领导的履历资料能够反映出现任年龄与初任年龄两大年龄特征。现任年龄表示截止到数据收集工作结束时，所收集到的样本中领导的年龄，即为 2014 年 3 月与领导的出生年份做差所得出的年龄。现任年龄有助于反映高校现任领导的年龄结构状况。在样本年龄结构中，有明确出生年份的领导为 3 713 人，占最大样本数的 55%，现任年龄分布在 27—85 岁，平均年龄为 53.4 岁，样本标准差为 5.443。初任年龄表示现任领导初任现职时的年龄，即用领导升任现职的年份减去其出生年份得出的年龄。该年龄指标能够反映进入我国高校领导层的平均年龄段。样本中同时回收到出生年份和初任现职年份的领导有1 971 人，占最大样本数的 29.1%。根据出生年份与初任现职年份，最后得出样本中领导的初任年龄最小为 23 岁，最大为 67 岁，平均为 48.48 岁，样本标准差为 5.482。为便于分析，本研究将分别对领导的现在年龄和任职年龄进行分段处理。

民族状况及政治面貌是领导干部的重要属性和标签，少数民族及民主党派或无党派人士往往被看作少数特殊群体，国家在发展干部的政策中对此给予高度重视。出于对统计过程的简化，本研究在民族信息方面将少数民族划归为一类。本部分共统计有效样本 3 771 人，其中汉族 3 449 人，少数民族 322 人，有效百分比分别为 91.5%和 8.5%，这与我国的民族构成基本吻合，2010 年的全国调查显示汉族和少数民族分别占总人口的 91.51%和 8.49%[119]。

本研究中将高校领导的政治面貌分为共产党员、民主党派人士以及无党派人士。有效样本数为 5 478，其中共产党员 5 253 人，有效百分比为 95.9%，民主党派和无党派人士分别为 179 人和 46 人，有效百分比为 3.3%和 0.8%。

《现代劳动关系词典》解释，“职位”是一个组织概念，指组织体中的位置。它通常被区分为不同的等级，并且产生相应的上下级之间的纵向关系，以及左右之间的横向关系。职位相对于工作要求变动而不随任职人员变动，同一职位可以由不同的人来承当。而职务是在一定岗位上的工作人员按照相应职位或某一明确目的而应从事的工作行为，即职位的工作内容。

根据词典的解释以及研究的便利，本研究将职务依据我国高校的领导体制划分为行政职务和党委职务，职位划分为体现上下级纵向关系的正职职位和副职职位。在职务方面，有效样本为最大样本，担任校长职务的有 1 017 人，担任党委书记职务的有 968 人，担任副校长职务的有 3 668 人，担任党委副书记或纪委书记职务的有 1 834 人。其中共有 722 位领导身兼两种职务，如校长兼党委书记，校长兼党委副书记或纪委书记、党委书记兼副校长、副校长兼副书记或纪委书记等。在职位方面，正职领导共 1 924 人，副职领导为 4 841 人，身兼双职的领导按较高职位计算。

2.2 教育背景

教育是人的素质培养和能力形成的关键因素，个人的受教育程度是其素质高低的重要体现。虽然学位并非反映高校领导能力和素质的唯一指标，但能够在一定程度上反映其起点和基础。一般来说，拥有较高学历的人具有较强的研究和创新能力，能很快地被吸引到学术领域的最前沿。高校领导的最高学位状况共统计到 4 848 人，其中学士及未获得学位的共 938 人，占有效样本的 19.3%；获研究生及以上学历的共 3 910 人，其中硕士 1 384 人，博士 2 526 人，有效百分比分别为 28.5%和 52.1%。

学校的优劣也在很大程度上反映一个人能力和素质的高低，拥有一流资源及知名度的学校往往更能吸引一流的人才。在最后学位授予学校方面，由于高校领导的求学背景多样化，有的在国内求学，有的出国留学，因此难以用统一标准对学校类型进行划分。为了便于分析，本研究将国内授予学位的学校划分为 985 高校、211 高校以及其他普通高校；国外学校的划分引用了上海交通大学高等教育研究院开发的 ARWU（Academic Ranking of World Universities）学术排名体系，划分为 ARWU 排名前 50 的高校，51—200 名的高校，201—500 名的高校，500 名以后的高校，以此对学校的等级做出区分。高校领导最后学位授予学校的信息共收集了 3 680 人，其中在国内高校毕业的高校领导共 3 417 人，毕业于 985 高校的共 1 535 人，毕业于 211 高校的共 780 人，毕业于其他普通高校的有 1 102 人；海外高校毕业的共 263 人，毕业于 ARWU 排名前 50 的高极领导的共 45 人，排名 51—200 名的共 51 人，排名 201—500 名的共 69 人，排名 500 名以后的有 98 人。

研究方向是另一体现高校领导教育背景的指标，不同的学科背景能在一定程度上影响领导的行为方式与管理风格。高校领导的研究方向共收集到 3 009 条有效信息。按照《普通高等学校本科专业目录(2012 年)》的学科分类，除了军事学以外，在其余 12 个学科门类上均有分布。研究方向分布比较密集的学科门类为工学、教育学和经济学，其中教育学比较特殊，大部分以教育学为研究方向的领导并非教育学专业出身，而是根据工作的实际需要转而进行教育研究；分布较少的学科有哲学、历史学和艺术学。

2.3 学术职称与荣誉

学术职称与荣誉是对学者教育、科研能力的一种认可，它代表着一定的身份及话语权。在我国，一般高校的领导都在某个领域具有一定的影响力，并且社会也较为推崇优秀的学者担任学校领导。本文选取了教授与院士两个指标来衡量高校领导的学术背景。

在高校领导的学术职称方面，是否教授这一项个人信息共回收有效信息 5 206 条，其中 4 211 人获得正教授或与正教授同级别的职称，如研究员、教授级高级政工师、教授级高级经济师、教授级高级工程师、编审、高级编辑等，有效百分比为 80.9%。

此外，6 765 位领导中有 40 位高校领导获得院士的头衔与荣誉，分别来自中国科学院、中国工程院、德国科学院、第三世界科学院、英国皇家工程院、美国科学院、瑞典皇家工程科学院、俄罗斯工程院、俄罗斯自然科学院等国内外机构。

2.4 国际化背景

高等教育国际化是教育发展的主要特征和重要趋势，高校领导作为学校发展方向的领军人才，其国际化视野和海外经历对于推进高校的国际化具有重要意义，同时国际化背景也是新时期考量高校领导的重要指标。海外经历主要分为海外学习、海外访学与研究、海外工作三大类。海外学习指在海外获得学位的学习经历，海外访学与研究指在海外担任访问学者或从事博士后研究的经历，海外工作指在海外担任正式工作的经历。国际化背景方面共统计4 898条有效信息，其中 3 767 人无国际化背景，1 131 人具有国际化背景。

2.5 工作背景及晋升方式

工作是个人经验和阅历累积最显著的过程，而不同性质岗位上的工作经历对日后高校管理中施行的管理风格与策略有密切影响。高校领导晋升至现职之前都经历了各自不同的职业成长路径和职业发展阶段。单位内部晋升的领导更熟悉校史校情，便于顺利接手工作和适应工作环境。外部选聘的方式则利于高校改革，不受制于高校历史传统与思维模式，能够拓宽高校视野，适应时代的需求[120]。

为了研究的便捷，本研究着重关注高校领导在晋升至现职之前的最后一段职业所处的行业性质以及晋升至现职的方式。在工作背景和晋升方式方面，收集到的有效信息共 4 563 条，其中有 2 617 位领导是通过内部晋升的方式从同一学校提拔至现职，占有效人数的 57.4%，另外 1 946 位领导则通过外部晋升的方式升至现职，外部机构包括高校、学术机构、政府及企业，最为普遍的外部晋升机构为高校和政府，分别有 1 228 位和 490 位。

第三章　女性领导的群体特征

男性和女性的差异，不仅体现在自然属性上，更多的是社会属性上的不同。本章节将男性和女性视为两个相对独立的社会群体进行对比，旨在通过男性、女性领导群体样本特征的差异，总结推断出我国普通本科院校中女性领导的群体特征。

3.1 基本信息

3.1.1 性别比例

相较于男性领导群体，女性领导人数少，比重小。本研究 6 765 位有效样本中，男性领导共 5 995 位，占样本总量的 88.6%，女性领导仅 770 位，占样本总量的 11.4%，如图 3 所示。通常一所高校有 10 位左右领导，也就是说一所学校平均仅有一位女性担任学校领导。

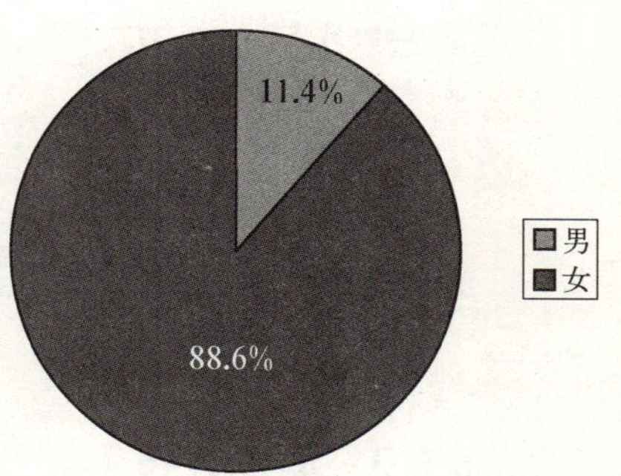

图 3　我国普通本科院校领导性别比例

3.1.2 学校分布

我国不同层次的本科院校中，女性领导相对于男性领导所占的比重有一定区别。四类学校中，独立学院的女性领导所占比例最高，为15.8%；211高校最低，为9.5%；985高校和普通高校均接近11%（见表4）。男性女性领导在不同层次学校的分布差异具有显著性，也就是说，在我国不同层次的高校中，男性和女性领导任职数量的分布存在显著差异。

表4　我国普通本科院校男性、女性领导的任职学校分布

学校层次	男			女			合　计		统计学检验
	人数	行 *N*%	列 *N*%	人数	行 *N*%	列 *N*%	人数	列 *N*%	*p*
985高校	377	89.1%	6.3%	46	10.9%	6.0%	423	6.3%	**<0.001**
211高校	601	90.5%	10.0%	63	9.5%	8.2%	664	9.8%	
普通高校	4 282	89.1%	71.4%	523	10.9%	67.9%	4 805	71.0%	
独立学院	735	84.2%	12.3%	138	15.8%	17.9%	873	12.9%	

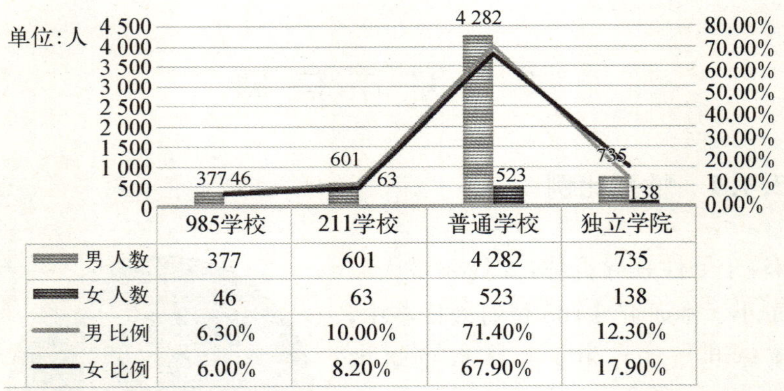

图4　我国普通本科院校男性、女性领导在不同层次高校中的人数及百分比

3.1.3　职位分布

统计结果显示：6 765位高校领导中，有1 924位为正职，即高校的校长或党委书记；有4 841位为副职，担任学校的副校长或副书记（纪委书记）。同时，职位分布上存在显著的性别差异，女性校长和党委书记共134人，仅占正职领导数的7.0%；女性副校长和党委副书记（纪委书记）共636人，占副职领导总数的13.1%（见表5）。相对于男性而言，我国高等学校领导中的女性更多地集中在副职职位上。

表5 我国普通本科院校男性、女性领导的职位分布

职位	男			女			合计		统计学检验
	人数	行 N%	列 N%	人数	行 N%	列 N%	人数	列 N%	p
正职	1 790	93.0%	29.9%	134	7.0%	17.4%	1 924	28.4%	<0.001
副职	4 205	86.9%	70.1%	636	13.1%	82.6%	4 841	71.6%	

3.1.4 职务分布

鉴于党委和行政领导的职能分工不同，厘清高校的职务性别结构有助于明确男性、女性领导在高校中的角色与定位。统计显示，女性在党委、行政两大班子中的任职比例均远不及男性；但在党委班子中的任职具有相对优势。如表6显示，女性高层行政领导共425人，占行政班子有效总数的10.7%；女性高层党委领导共290人，占有效党委领导总数的13.9%。样本中共有722人身兼两职，女性仅55人，其余全为男性，女性占比7.6%。统计学检验结果，$p<0.001$，表明男女领导在不同职务上的分布存在显著差异。这显示出，从相对比例上而言，我国高校的女性领导更有可能任职于党委班子，而相对较少在负责高校核心学术事务的行政班子里担任职务；同时，相较于男性，女性往往拥有较少权力，也很少身兼两种职务。

表6 我国普通本科院校男性、女性领导的职务分布

职务	男			女			合计		统计学检验
	人数	行 N%	列 N%	人数	行 N%	列 N%	人数	列 N%	p
行政	3 538	89.3%	59.0%	425	10.7%	55.2%	3 963	58.6%	<0.001
党委	1 790	86.1%	29.9%	290	13.9%	37.7%	2 080	30.7%	
兼任两职	667	92.4%	11.1%	55	7.6%	7.1%	722	10.7%	

3.1.5 年龄分布

统计显示，相比于男性领导，女性领导年龄相对年轻，且年龄跨度小。

首先，现任年龄表示截止到数据收集工作结束时，所收集到的样本中领导的年龄，现任年龄有助于反映现任男性与女性领导的年龄结构状况。此次调查样本中(见表7)，高校领导的年龄跨度很大，最小为27岁，最大为85岁，现任领导的平均年龄为53.4岁。其中男性领导中最年轻的为29岁，最年长的为85岁，相差56岁，平均年龄为53.5岁。相对于男性而言，女性领导的年龄跨度较小，且呈现相对年轻化的态势。女性领导的平均年龄为52.4岁，比男性领导的均值小1.1岁，比整个领导队伍的平均年龄小1岁。女性领导中最年轻的仅27岁，最年长的为70岁，均小于男性领导的年龄极值。

表7 我国普通本科院校男性、女性领导的现任年龄和初任年龄

性别	现任年龄				初任年龄			
	均值	标准差	极小值	极大值	均值	标准差	极小值	极大值
男	53.5	5.4	29	85	48.6	5.4	25	67
女	52.4	5.9	27	70	47.7	5.8	23	61
合计	53.4	5.4	27	85	48.5	5.5	23	67

我国高校领导的现任年龄状况呈现出正态分布的趋势，结合分布情况与退休年龄等政策文件[121]，本研究将高校领导的现任年龄分为40岁及以下，41岁至50岁，51岁至60岁，60岁以上四个阶段。如图5所示，40岁以下的年轻

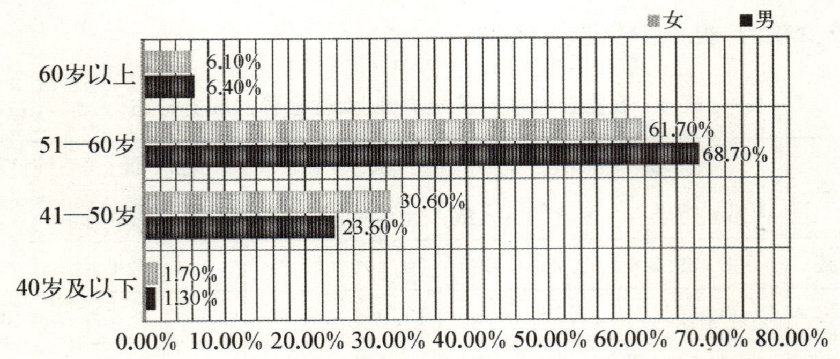

图5 我国普通本科院校男性、女性领导现任年龄分布

领导干部以及 60 岁以上的老领导都较少，大部分领导干部的年龄分布在 40 岁到 60 岁之间，其中以 50 岁至 60 岁尤为集中。在 50 岁以下的两个年龄段中，女性占相应年龄段女性领导总数的比例高于男性。在 50 岁以上的两个阶段中，女性领导的占比均低于男性领导的比例，尤其在 50 岁至 60 岁领导人数最为密集的年龄段，女性与男性存在较为明显差距。

统计学检验结果显示，$p=0.027<0.05$，因此男女领导在不同年龄段上的分布存在显著差异。不难得出，在现任领导的年龄分布上，女性相对年轻化，女性在进入 50 岁以后，相比于男性成为领导的竞争力不强。

其次，初任年龄为领导初任现职时的年龄，该年龄指标能够反映男性、女性进入我国高校领导层的平均年龄阶段。统计结果显示，样本的初任年龄平均为 48.5 岁，女性仍然表现出比男性年轻的特征。男性平均初任年龄为 48.6 岁，最年轻的男性领导初任年龄为 25 岁，最年长的初任年龄为 67 岁；女性平均为 47.7 岁，最年轻的仅 23 岁，最年长的为 61 岁(见表 7)。《中共教育部党组关于进一步加强直属高等学校领导班子建设的若干意见》[121]规定，列入中央管理的党委书记和校长初任时，属提拔任职的年龄一般不超过 58 岁；其他领导干部初任时，属提拔任职的年龄一般不超过 55 岁。然而，实际上部分领导干部初任年龄却超过 60 岁，这样的特殊情况多发生在独立学院。独立学院往往返聘其母体学校的退休老领导以及社会中的资深学者来担任独立学院的校长，充分利用老领导、老学者的管理经验和资源优势，让其在独立学院的建设与发展中发挥余热。

由于初任年龄平均比现任年龄小约 5 岁，因此将初任年龄的分段时间提前 5 年，分别为 35 岁及以下，36 岁至 45 岁，46 岁至 55 岁，56 岁及以上。如图 6 所示，与

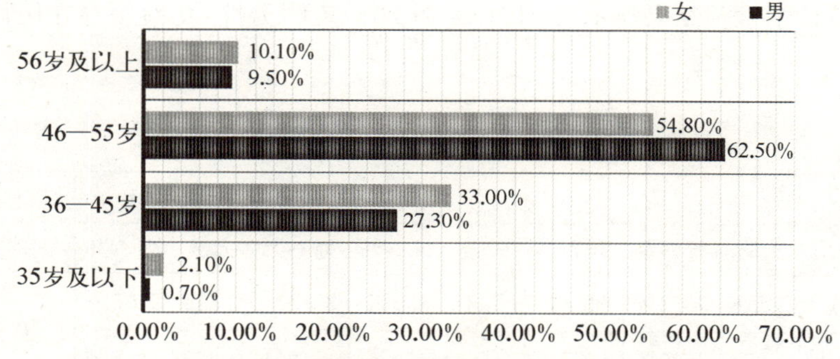

图 6　我国普通本科院校男性、女性领导初任年龄分布

现任年龄相似，初任年龄也呈现出正态分布的趋势，小于35岁的年轻领导和大于55岁的老领导相对较少，主要升任现职的年龄集中在36岁至55岁之间。同样的，女性在低年龄段担任现职具有相对较大的机会，随着年龄的增加，女性逐渐失去机会。也许这与国家在《高校领导班子的若干意见》中提倡要重视培养选拔女干部和45岁以下年轻干部有关。

此外，现任年龄的均值与初任年龄的均值之差则可看出校领导的平均任职时间的长短。在本研究中，男性领导的平均任职时间为4.9年，而女性领导的平均任职时间为4.7年，女性的任职时间短于男性领导。

女性领导年龄的年轻化，任职时间短，其权力职位年龄跨度小于男性，显示出我国普通本科院校高层领导集体中女性的任职机会少于男性，这也使得女性领导之间的竞争更为激烈。

3.1.6 民族背景

统计显示，男性、女性领导的民族背景构成存在差异，女性领导少数民族背景相对较多。从横向来看，汉族领导共3 449人，其中男性3 116人，女性333人，分别占汉族领导总数90.3%和9.7%；少数民族领导共322人，男性277人，女性45人，分别占少数民族总数的86.0%和14.0%。从纵向来看，男性少数民族领导占男性领导总人数的比例为8.2%，而女性少数民族领导占女性领导总数的11.9%(见表8)。少数民族女性担任领导的比例高于男性，由此可以推断，少数民族的身份有助于女性进入我国普通本科院校的领导层。此外，统计学检验结果显示 $p=0.014<0.05$，表明男性、女性领导在民族分布上存在显著的差异。

表8　我国普通本科院校男性、女性领导的民族背景

民族背景	男			女			合计		统计学检验
	人数	行 N%	列 N%	人数	行 N%	列 N%	人数	列 N%	p
汉族	3 116	90.3%	91.8%	333	9.7%	88.1%	3 449	91.5%	0.014
少数民族	277	86.0%	8.2%	45	14.0%	11.9%	322	8.5%	

3.1.7 政治面貌

统计显示，男性、女性领导的政治面貌差异显著，女性民主党派及无党派人士的比例相对偏高。在我国高校领导班子结构中，中共党员仍表现出绝对的多数。样本中 95.9%的领导干部都为中共党员，3.3%为民主党派成员，无党派人士仅占 0.8%。男性领导干部有 96.2%为中共党员，而在女性领导队伍中，民主党派与无党派人士分别占到 5.5%和 1.0%(见表 9)。根据统计学检验，$p=0.003<0.05$，男性女性领导在政治面貌上的分布差异具有统计学意义，即表明我国高校中男性、女性领导的政治面貌具有明显的差异。

表 9　我国普通本科院校男性、女性领导的政治面貌

政治面貌	男			女			合　计		统计学检验
	人数	行 *N*%	列 *N*%	人数	行 *N*%	列 *N*%	人数	列 *N*%	*p*
中共党员	4 680	89.1%	96.2%	573	10.9%	93.5%	5 253	95.9%	**0.003**
民主党派	145	81.0%	3.0%	34	19.0%	5.5%	179	3.3%	
无党派	40	87.0%	0.8%	6	13.0%	1.0%	46	0.8%	

3.1.8 任职流动性

男性、女性领导在职业的地域流动性上没有明显差异。本研究中的任职流动性指标主要是指领导所任职的学校地域是否与其出生地域一致，出生地与学校所在地不一致即表示流动，出生地与学校所在地一致则是未流动。

在调查样本中，如表 10 所示，共有 60.4%的领导所任职的地域与出生省份一致，39.6%的领导任职出现了地域流动。出生地与学校所在地不一致的女性领导共 177 人，男性为 1 459 人，占比分别为 10.8%和 89.2%；出生地与学校所在地一致的女性领导共 230 人，男性领导有 2 261 人，各自所占的百分比为 9.2%和 90.8%(见表 10)。统计学检验结果显示，$p=0.095>0.05$，表明男女领导的任职在有无地域跨度的分布上没有显著差异。

表 10　我国普通本科院校男性、女性领导任职流动性

任职流动性	男			女			合　计		统计学检验
	人数	行 N%	列 N%	人数	行 N%	列 N%	人数	列 N%	p
流　动	1 459	89.2%	39.2%	177	10.8%	43.5%	1636	39.6%	0.095
未流动	2 261	90.8%	60.8%	230	9.2%	56.5%	2491	60.4%	

3.2　教育背景

大学的领导对大学的改革和发展发挥着重要的作用，其教育背景对高校的教育理念与办学实践具有重要影响，因此大多高校领导具有较为优越的教育背景。

3.2.1　最高学位

男性、女性领导学位结构相似，但女性领导的学位层次偏低。学位结构是指领导队伍所获最高学位的构成状况，我国高校男性、女性领导的学位结构均呈现“倒三角”的分布形状，学位越高，人数越多；反之则越少。尽管男性、女性领导在学位结构的分布形态上相似，但是不同学位层次，男性、女性领导的学位获得情况是不同的。总体来说，女性的学位水平低于男性。

纵向来看，男性领导中有一半以上已获得博士学位，而女性领导中获得博士学位的比例仅为 40.7%；男性领导中获得硕士学位的比例为 27.4%，而女性领导中获得硕士学位的比例高达 38.2%，高学位的比例不及男性，低学位的比例高于男性。横向来看，获得博士学位的领导共 2 526 位，女性领导有 216 位，占获得博士学位总人数的 8.6%，低于女性领导占领导总数 11.4% 的比例；而在硕士及学士学位阶段，女性领导所占的比例分别为 14.7% 和 11.9%，高于女性领导占领导总数的比例（见表 11）。统计学检验 p 值小于 0.001，表明男性与女性领导的最高学位状况存在显著的差异，即可推测在我国普通本科院校中，女性领导的受教育程度相对低于男性领导。

表 11　我国普通本科院校男性、女性领导最高学位

学位	男			女			合计		统计学检验
	人数	行 N%	列 N%	人数	行 N%	列 N%	人数	列 N%	p
学士及以下	826	88.1%	19.1%	112	11.9%	21.1%	938	19.3%	<0.001
硕　士	1 181	85.3%	27.4%	203	14.7%	38.2%	1 384	28.5%	
博　士	2 310	91.4%	53.5%	216	8.6%	40.7%	2 526	52.1%	

3.2.2　毕业院校

毕业院校方面，相比于男性领导，女性领导的最高学位授予学校更多集中于国内大学；在层次较高的国内大学中，女性获取学位的比例相对较低。男性领导中有 8.5%毕业于国外大学，而女性领导只有 5.3%。女性领导中，在 985 高校获得学位的比例为 39.9%，也略低于男性领导 41.9%的比例（如图 7 所示）。

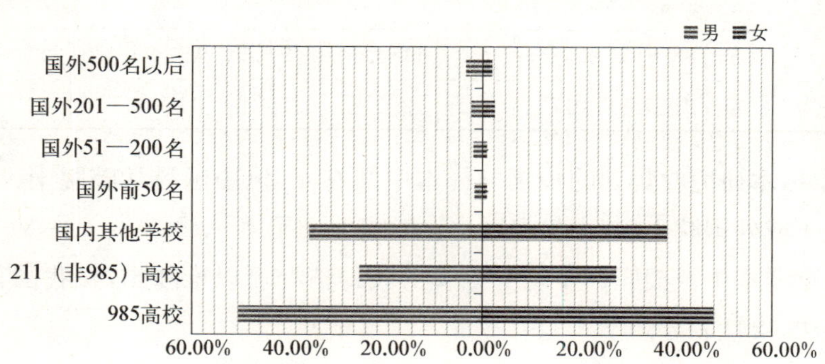

图 7　我国普通本科院校男性、女性领导最后学位授予学校分布

3.3　学术背景

3.3.1　学术职称与荣誉

女性领导学术职称与荣誉的获得均不及男性。调查到的高校领导中有

4 211人拥有教授或与教授同级的相关职称，约占总数的81%，有995位领导目前未获得教授或同级职称，但他们中的相当部分已获得副教授或同级职称，并且部分领导年龄尚轻，未来还存在较大的发展空间。男性领导中目前已有81.9%获得教授职称，略高于整体平均比例，然而女性获得教授或同级职称的比例相对较低，仅有72.5%获得教授职称，远低于整体水平（见表12）。统计学检验结果显示，$p<0.001$，表明男、女领导是否为教授存在明显的差异。

表12　我国普通本科院校男性、女性领导学术职称与荣誉的获得情况

学术职称与荣誉	男			女			合　计		统计学检验
	人数	行 $N\%$	列 $N\%$	人数	行 $N\%$	列 $N\%$	人数	列 $N\%$	p
教授									
否	836	84.0%	18.1%	159	16.0%	27.5%	995	19.1%	**<0.001**
是	3 791	90.0%	81.9%	420	10.0%	72.5%	4 211	80.9%	
院士									
否	5 955	88.6%	99.3%	770	11.4%	99.9%	6 725	99.4%	—
是	40	97.5%	0.7%	1	2.5%	0.1%	41	0.6%	

此外，本研究收集到的校领导样本中共有41位中国科学院院士、中国工程院院士或外国院士，其中仅有1位女性院士

根据样本中教授职称及院士荣誉的获得情况可以推断出，在我国普通本科院校中，女性领导的学术能力不及男性领导。

3.3.2　研究方向

男性领导和女性领导在学科分布的形态上大致相同，但在具体的学科占比上存在明显不同。教育部2012年出台的《普通高等学校本科专业目录（2012年）》将学科方向划分为13个门类，除军事学之外，样本领导的研究方向在其余12个学科门类均有分布。

具体学科分布如图8所示，男性、女性领导学科分布形态相似，均在工学、教育

学、经济学三大学科门类上比重最高，且工学表现出一头独大的绝对优势；在军事学、哲学和历史学三大学科门类中比例最低。然而在每一个具体的学科上，男性、女性领导从事该学科研究的人数占各自样本总数的比重存在不同。有超过30%的男性领导的研究方向为工学，女性不足20%；而在医学、管理学、经济学、法学和教育学学科上，女性的比例则高于男性。根据检验的结果 $p<0.001$，男性和女性领导在研究方向上存在明显的不同。

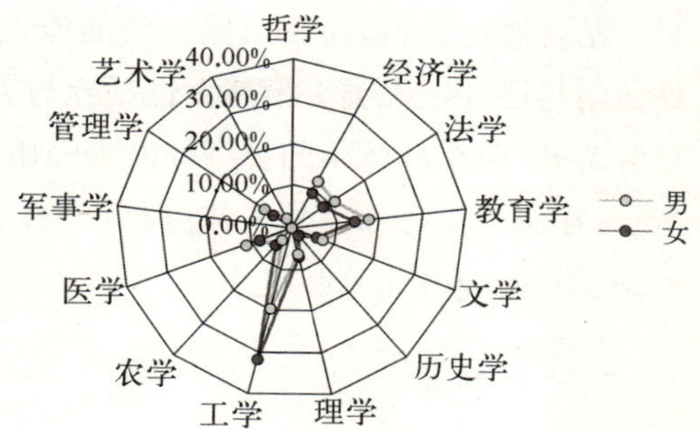

图8　我国普通本科院校男性、女性领导研究方向分布

3.4 国际化背景

我国普通本科院校领导的国际化背景整体较薄弱，女性领导与男性领导在是否具有海外经历上无明显差距；不同的海外经历方式中，女性领导在海外学习和海外工作方面均不如男性领导，但在海外访学与合作研究方面表现相对积极，差距不大。

如表13所示，在样本领导中，有1 131人具有国际化背景，占样本总数的23.1%。其中男性领导1 027人，女性领导104人，分别占男女领导各自样本总数的23.5%和20.0%。女性的国际化程度相对较低。但统计学检验结果显示，$p=0.077>0.05$，表明男性和女性在是否具有海外经历上不存在显著差异，目前我国普通本科院校具有海外经历的校领导人数整体较少。

表13　我国普通本科院校男性、女性领导海外经历有无情况

是否具有海外经历	男		女		合　计		统计学检验
	人数	列 N%	人数	列 N%	人数	列 N%	p
无	3 351	76.5%	416	80.0%	3 767	76.9%	0.077
有	1 027	23.5%	104	20.0%	1 131	23.1%	

结合履历资料，高校领导主要的海外经历可分为海外学习、海外工作、海外访学与研究三大类。虽然女性领导与男性领导在海外经历的有无上不存在显著差异，但在具体不同类型的海外经历之间仍存在较为明显的差异。如图 9 所示，在海外学习和海外工作方面，女性领导与男性领导存在较大差距，在海外访学与研究方面差距较小。

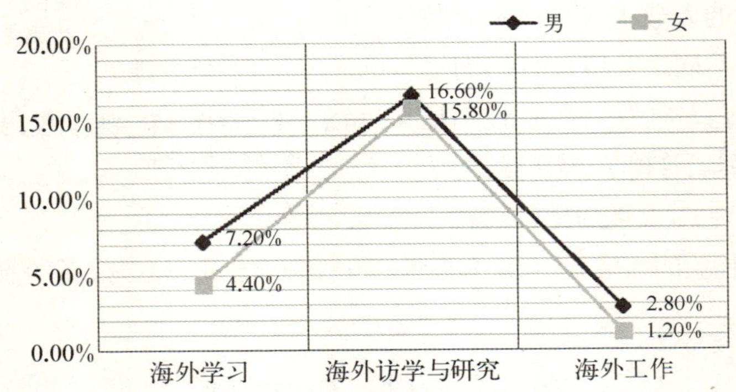

图 9　我国普通本科院校男性、女性领导海外经历分布

在海外学习经历方面，共有 340 位领导在海外大学取得学位，女性领导仅有 23 位，所占比例不足 7%，其余均为男性领导。也就是说在 15 位海外学习的领导中，仅有 1 位是女性。同时根据统计学检验，$p=0.017<0.05$，在海外学习方面，女性领导与男性领导差距较大。

海外访学与研究是推进我国高等教育国际化的重要战略之一。现代科学发端于西方，其发展处于领先地位，中国有必要学习和引进西方先进的科学技术，因此目前我国高校大力鼓励学者进行国际学术交流与合作。我国的高校领导具有海外访学与研究经历的人数相对较多，共 807 人。其中女性领导 82 人，所占比例接近 11%。根据统计学检验 $p>0.05$，表明男性和女性领导在海外访学经历上的差异不存在统计学意义。

海外工作的经历有助于培养个人的全球观念和开放意识，提升国际竞争力，高校领导的海外工作背景有助于其推动大学逐步走向世界。本研究的样本中共有 126 位高校领导曾就职于海外，女性领导仅有 6 位，占具有海外工作经历的领导人数的 4.7%(见表 14)。统计学检验结果显示，$p=0.029<0.05$，表明男性、女性领导在海外工作的经历方面存在显著差异，女性领导海外工作

经历普遍相对匮乏。

表 14　我国普通本科院校男性、女性领导的海外经历比较

是否具有海外经历	男			女			合　计		统计学检验
	人数	行 N%	列 N%	人数	行 N%	列 N%	人数	列 N%	*p*
海外学习									
无	4 058	89.1%	92.8%	497	10.9%	95.6%	4 555	93.1%	**0.017**
有	317	93.2%	7.2%	23	6.8%	4.4%	340	6.9%	
海外访学与研究									
无	3 650	89.3%	83.4%	438	10.7%	84.2%	4 088	83.5%	0.641
有	725	89.8%	16.6%	82	10.2%	15.8%	807	16.5%	
海外工作									
无	4 254	89.2%	97.2%	514	10.8%	98.8%	4 768	97.4%	**0.029**
有	121	95.3%	2.8%	6	4.7%	1.2%	127	2.6%	

3.5　工作背景及晋升方式

我国普通本科院校的晋升方式总体呈现内部较高，外部较低的格局；相比于男性领导，女性领导的晋升结构与之并无显著差异，内部晋升比例略高，外部晋升比例略低。

如表 15 所示，样本中 57.4%的领导是通过内部晋升的方式被升至现职，42.6%的领导为外部晋升。女性领导中通过高校内部提拔的方式晋升至现职的比例略高，为 60.9%；在此之前为本校的院级领导、某行政部门领导或附属机构管理人员。男性领导的内部晋升比例相对较低，有 56.9%为内部晋升，43.1%为外部晋升。统计学检验结果显示，$p=0.090>0.05$，表明男性和女性领导在晋升方式上的差异不存在统计学显著性，因而得出男女性领导在晋升方式上的差异不显著。

表 15 我国普通本科院校男性、女性领导的晋升方式比较

晋升方式	男			女			合计		统计学检验
	人数	行 N%	列 N%	人数	行 N%	列 N%	人数	列 N%	p
外　部	1 755	90.2%	43.1%	191	9.8%	39.1%	1 946	42.6%	0.090
内　部	2 319	88.6%	56.9%	298	11.4%	60.9%	2 617	57.4%	

在新的历史时期，高校领导更需要具有变革的精神。外部经历的缺乏，会使领导思维拘泥于历史窠臼，很难超越本校的历史传统和环境进行纵横比较；同时也存在"局内人"的困境和"近亲繁殖"的弊端[122]。工作背景多元化已成为全球化竞争对高校领导提出的新诉求，外部选聘对在新时期为高校注入"新鲜血液"具有举足轻重的意义。高校领导通过外部选聘至现职的最后工作岗位的行业性质大致可分为外部高校、外部学术机构、外部政府及外部企业四大类。

图 10 内圈表示男性领导，外圈表示女性领导。由图可知，我国普通本科院校的领导，其外部晋升最为主要的来源机构是外部高校，共 1 228 人；其次为外部政府的相关部门，有 490 人；外部学术机构与外部企业较少，分别为 98 人和 76 人，这主要受制于外部学术机构的数量较少以及高校与企业业务相关性较低。女性领导中来自企业与政府的比例高于男性领导，来自外部学术机构和外部高校的比例低于男性领导。统计学检验结果得出，$p=0.003<0.05$，表明男性、女性领导外部晋升的机构领域存在显著差异。由此可知，目前我国普

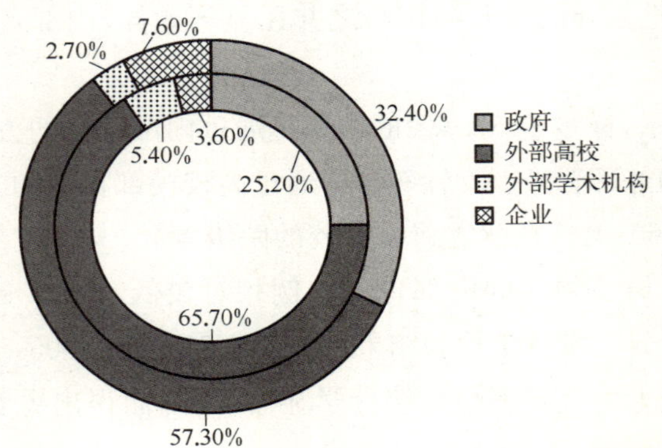

图 10 我国普通本科院校男性、女性领导外部晋升的机构领域分布

通本科院校较多从政府部门和企业部门吸纳女性担任高校领导，而在外部高校和外部学术机构中更多选聘男性领导。

3.6 本章研究结果

相比于男性领导群体，我国普通本科院校中女性领导群体的特征表现出了自身的特点，既有优势，又存在不足；既有差异，又存在相似之处。

3.6.1 男性、女性领导群体特征差异

通过对我国普通本科院校男性和女性领导群体特征的比较，发现女性领导的群体特征与男性领导的群体特征存在多方面差异。

(1) 女性领导人数少、比例低、代表性不足。

我国普通本科院校领导中，接近九成为男性领导，仅有一成为女性，这与我国第六次全国人口普查男女 105.2∶100 的人口结构比例严重不符。2010年，国务院颁布的《中国妇女发展纲要(2010—2020)》中明确指出，要积极提高女性参与决策与管理的比例[123]。然而到目前为止，女性在高校领导层的任职情况仍然很不乐观。

(2) 女性领导任职年轻化，任职时期短，权力职位年龄跨度小。

我国普通本科院校中女性的现任平均年龄与初任现职的平均年龄均小于男性，在现任年龄 50 岁以下以及初任年龄 45 岁以下的年龄阶段中，女性领导所占的比例相对较高；而在现任年龄 50 岁以上及初任年龄 45 岁以上这一我国高校领导年龄最密集的阶段，女性所占比例却很小，由此可以得出女性领导队伍呈现年轻化的趋势。事实上，50 岁左右正是女性工作经验丰富、个人能力成熟、家庭负担减轻的黄金时期，然而在领导层中却没有得到相应的任职比例。此外，女性领导的任职年龄跨度小，其年龄极值均小于男性领导的年龄极值，且现任男性领导平均 4.9 年的任职时期也长于女性领导的 4.7 年，可见我国普通本科院校的领导职位对于男性更具有开放性，女性的任职机会少于男

性，成为领导的竞争力不强。

（3）少数民族、民主党派及无党派身份有助于女性进入高校领导层。

在我国普通本科院校中，女性领导中具有少数民族背景和民主党派或无党派身份的比例均高于平均水平，而男性领导却低于平均水平。《中共教育部党组关于进一步加强直属高等学校领导班子建设的若干意见》中明确提出要优化领导班子结构，重视培养选拔党外干部和女干部。要发挥高校在党外干部培养选拔中的重要源头作用，积极选配符合条件的党外代表性人士担任校长[121]。同时，培养和任用少数民族干部工作，是党和国家干部人事工作的重要组成部分[124]。政策的引导有助于具有少数民族或民主党派以及无党派身份的女性进入高校领导层。

（4）女性领导在高层次学校中比例低，低层次学校中比例相对较高。

在层次相对较高的985高校、211高校及普通高校，女性领导均没有达到相应的比例，而在最低层次的独立学院，女性领导的比例相对较高。一项对肯尼亚的大学女性领导进行的研究也得出相似结论：女性比男性更有耐心且更愿意在一些财政状况可能不够稳定的年轻大学里就职，因而在这类大学的领导层中，女性所占比例相对较高[125]。由此表明，女性很难进入层次较高的学校的领导层，而其选择在层次较低的学校任职，可能是因为这类学校中来自男性领导的竞争相对较弱。

（5）女性领导担任正职少，副职多；尖端缺失、纵向隔离。

我国普通本科院校中，正职领导中女性的比例仅为7%，远低于女性领导占领导总数的比例；副职相对较高，比例达到13%。这一任职比例远低于美国，但正副职的任职结构却较为一致。美国教育理事会发布的《美国大学校长2012》（*The American College President 2012*）指出，截至2011年，女性担任大学（所有公立、私立的博士学位授予学校，硕士学位授予学校，学士学位授予学校及专科学校）校长的比例为26%[11]。而其发布的《通往大学校长之路2013：高校中高层领导的特征》（*On the Pathway to the Presidency 2013: Characteristics of Higher Education's Senior Leadership*）同样也得出，女性担任副职领导的比例更高，2013年美国四年制的所有高校中女性担任副校长的比例为36.4%[126]。这种职务与权力分配的背后，不难看出，在女性地位得到重视和提升的今天，女性虽进入了核心决策层，但实际权力仍然存在一定的纵向隔离现象，很难到达决策层的最顶端。

（6）党委领导多，行政领导少；权力边缘、横向隔离。

我国普通本科院校的女性领导中，较多为党委干部，负责行政管理工作较少，实际行政工作几乎都由男性主持；身兼两项职务的女性领导更是寥寥无几。在高校，行政领导管理着学校发展的各项对内对外行政事务。尽管党委负责把握学校全局性、战略性、根本性问题的方向，然而在实际领导过程中，党委更多从事对思想的领导，以及对重大决议问题执行情况的监督，党委的具体职责权限更多地集中于工会、纪检、监察、审计、统战、离退休、档案工作等，权力相对远离大学的核心学术职能。在高校的领导职务中，女性领导在党委、行政部门中比例明显失衡，权力少且边缘的横向隔离必将导致女性领导很难在实质性的决策中起到作用。女性的核心权力过少，便不可能在决策层中拥有真正的代表性。

（7）教育、学术背景偏低，国际化背景缺乏。

在教育背景方面，女性领导的学位层次整体偏低，我国高校领导中有一半以上获得博士学位，而女性领导中获得博士学位的比例仅有40%，其硕士学位的获得比例相对较高。女性领导的最终学位授予学校层次也整体低于男性，女性领导主要集中毕业于国内大学，且女性领导在层次较高的学校中获取学位的比例相对较低。在学术背景方面，女性领导获得教授或同级别职称与院士头衔的情况均不如男性领导。在国际化背景方面，女性领导的海外学习和海外工作经历与男性领导也存在一定的差距。

（8）男性领导的研究方向主要集中体现为工学，女性领导则多学科发展。

有超过30%的男性领导的研究方向为工学，优势突出；而在医学、管理学、经济学、法学和教育学学科上，女性则表现出明显的优势。

我国高校领导的研究方向以工科独占鳌头是由历史和现实造成的，人们普遍崇尚理工科学生，认为其思维缜密，更适合领导岗位。在过去较长的一段时间内，中国教育界把理工科放到了很高的位置，这和国家政策的支持也是有关系的。而在美国、英国这样的教育强国，大学的校长几乎都出自人文社会学科，他们认为学习人文社会科学的人能够更好地管理学校，更好地把握教育发展趋势[127]。随着社会的不断发展,我国也逐步看到了人文社会科学对人格塑造的重要性,高校领导的研究方向逐渐多样化,出现了教育学、经济学、管理学、法学交融的蓬勃发展趋势,尤其是在教育学领域。大学校长作为教育管理者,需要有先进的教育理念,因而教育学成为高校领导第二大研究方向,许多领导并非教育学专业出身,但由于工作岗位的需要,逐渐转向对教育学的研究。

通常来说男性在理工科的学习研究中具有先天优势,也许我国早期对于理工科的偏向加剧了高校领导队伍中男多女少的格局。但相信随着社会的发展,高校领导的研究方向会更趋于多样化,领导的性别结构也将更趋于平衡。

(9) 内部晋升比例高,外部晋升比例低;外部机构来源中男性以学术机构偏多,女性以政府、企业等非学术机构偏多。

在整体上,我国普通本科院校领导的晋升方式均以内部提升为主,外部晋升的比例相对较低。女性领导的这种晋升格局更为突出,外部晋升的比例更低。

新时期高等教育的发展更需要拓宽领导人的视野和渠道,加大交流力度。尽管目前我国普通本科院校的晋升方式仍以内部提拔为主,但工作经历多元化已成为全球化竞争对高校领导提出的新诉求,提高外部晋升的比例已成为必然的趋势。《中共教育部党组关于进一步加强直属高等学校领导班子建设的若干意见》中也明确提出要吸引优秀人才,选好配强领导班子。推进高校之间、高校与科研院所之间、高校与地方之间干部交流。统筹直属高校与教育部机关、直属单位、驻外教育机构的干部交流[121]。在本研究中,女性领导来自政府和企业的比例高于男性,来自学术机构的晋升比例不及男性领导。有研究表明,女领导乐于指导,更考虑他人的感受与需求,善于利用个人魅力、与下属沟通协作以及用敬业的工作态度来引导下属积极地实现组织目标和个人目标[38]。此外,来自政府及企业的女性领导往往更富于管理经验。也许正是由于女性区别于男性的领导风格,再加以来自企业与政府的管理经验,女性领导在进入高校后多被分配至符合女性"指导与关怀"特点的党委工作,将其特有的亲和力与号召力应用于高校的党务管理中。

3.6.2 男性、女性领导群体特征相似之处

(1) 男女领导在任职地域流动性上无明显差异。

随着现代化进程的加速，近代社会的人口迁移日益复杂化，迁移的目的和方式多样。1990 年 7 月 7 日中共中央颁布了《中共中央关于实行党和国家机关领导干部交流制度的决定》[128]，领导干部的异地交流机制在我国正式作为制度开始执行。领导干部的异地交流既满足了我国经济社会和干部队伍发展的需要，又能够实现人力资源合理配置，有效地锻炼了干部的领导能力并且成功遏制了“裙带关系”的不正之风[129]。在我国传统意义上，女性比男性承担更多的家庭责任与义务，这些责任和义务使得大多数女性无法抽身。较长时间的地域流动会给女性领导的日常生活造成诸多不便。本研究希望通过此项指标来实证考察工作的异地交流是否会影响到高校女性领导的任职。研究发现男性领导和女性领导在任职的地域流动上比例相当，流动率均在 40%左右，任职地域的跨度没有在男性和女性身上表现出明显的差异，由此可以推测出，任职地点的流动并没有成为女性晋升为高校领导的阻碍因素；或者说，能合理处理好家庭责任与工作流动的女性才能担任领导。当然，工作地点与出生地不一致并不能完全反映出实际工作地点跟家庭存在地域分离。

(2) 国际化背景中，女性的海外访学经历与男性相当。

提升国际视野、丰富海外经历是现阶段以及未来很长一段时间内我国对高校领导人提出的胜任力要求，是我国高等教育国际化的重要战略。在高校领导的国际化背景中，女性领导海外访学的比例与男性领导无显著差异，均在 16%左右。男、女领导在海外访学的比例相当也许与时间周期有关。目前女性领导的主要海外访学经历普遍表现为为期半年至 1 年的访问学习，且大多在参加工作较长时间以后，相比于海外学习和海外工作这两项海外经历而言，海外访学给予了女性更大的时间灵活性以及最小化的角色冲突。此外，改革开放 30 多年来，女性走出家门，走出国门，甚至表现出与男性相当的海外访学水平，这无疑是社会更加宽容、更加平等的象征。在更加宽容和平等的社会里，女性才能充分挖掘出自身的潜力与优势，展现出自我的更高价值。

第四章　不同层次本科院校间女性领导特征差异

相对于男性领导而言，我国普通本科院校的女性领导可被看作一个独立的整体。然而整体都是由个性鲜明、风格迥异的不同个体组成的。外部环境的不同会直接影响到个体之间的相互作用方式，处于相同外部环境下的个体相互关联，从而组合成外部环境分割下的不同秩序性集合。随着我国高等教育规模的不断壮大，高等学校的类型结构和层次结构也日渐复杂。综合办学目标、办学规模、办学主体、财政状况、社会声誉等因素，我国的本科院校可分为不同的层次类型。

“985 工程”是我国政府为建设若干所世界一流大学和一批国际知名的高水平研究型大学而实施的高等教育建设工程。1998 年 5 月 4 日，江泽民总书记在北京大学百年校庆典礼上指出：“为了实现现代化，我国要有若干所具有世界先进水平的一流大学。”这一号召使我国重点大学的建设不仅有了不同层次、任务之分，而且明确了赶超世界、跻身一流的目标。之后，教育部决定在实施《面向 21 世纪教育振兴行动计划》的过程中，重点支持北京大学、清华大学等部分高等学校创建世界一流大学和高水平大学，并依据江泽民在北京大学百年校庆的讲话时间(1998 年 5 月)将此任务命名为“985 工程”[130]。

“211 工程”是国家“九五”期间提出的高等教育发展工程，也是高等教育事业的系统改革工程。“211 工程”即面向 21 世纪，在全国范围内重点建设 100 所左右的高等学校和一批重点学科，简称“211”[131]。“985 工程”的 39 所高校也包括在“211 计划”之中，为有效区分，本研究将 985 高校划为第一层次高校，

211 计划中的非“985 工程”学校为第二层次高校。

普通本科院校是相对于重点本科院校而言的。普通本科院校为“211 计划”之外能授予学士学位证书的高校，即平常说的全日制普通本科，包括公办普通本科、民办普通本科。本研究将普通本科院校划为第三层次高校。

独立学院，是指实施本科以上学历教育的普通高等学校与国家机构以外的社会组织或者个人合作，利用非国家财政性经费创办并实施本科学历教育为主的高等学校[132]。独立学院是民办高等教育的重要组成部分，是 2003 年中华人民共和国教育部规范后的公有民办二级学院。但是，独立学院创办时间较短，其办学力量尚薄弱，同时独立学院的发展受到办学体制和资源的限制。整体上，独立学院的质量相比于 985 高校、211 高校以及普通本科院校还存在一定的差距，因此将其划分为第四层次的高校。

本研究发现，在不同层次类型的高校中，女性领导的特征也表现出一定的差异性。

4.1 基本信息

4.1.1 年龄分布

学校层次越高，女性领导的年龄（包括现任年龄和初任年龄）越大，且集中化趋势明显；反之，在层次较低的学校中，女性领导的年龄较小，年龄分布范围也较广。

首先，从年龄均值和极值的情况来看。如表 16 所示，985 高校、211 高校、普通高校、独立学院的女性领导其现任年龄的均值为呈递减趋势，分别为 54.1 岁、52.9 岁、52.6 岁和 50.5 岁。层次较高的 985 高校和 211 高校的女性领导年龄跨度在 41 岁至 64 岁之间；而层次相对较低的普通高校和独立学院，最年轻的女性领导仅 27 岁，年龄最大的接近 70 岁。初任年龄也基本类似，985 高校的平均初任年龄最大，层次较低的 211 高校、普通高校和独立学院相对较低；985 高校和 211 高校的初任年龄跨度较小，普通高校和独立学院初任年龄跨度较小。

表 16　不同层次高校中女性领导现任年龄和初任年龄分布

学校层次	现任年龄				初任年龄			
	均值	标准差	最小值	最大值	均值	标准差	最小值	最大值
985 高校	54.1	5.4	41	64	50.4	5.2	38	60
211 高校	52.9	4.7	41	60	46.8	4.3	39	58
普通高校	52.6	5.6	27	67	47.1	6.1	23	61
独立学院	50.5	7.6	27	70	48.1	7.3	35	61

其次，从年龄分段来看（如图 11、图 12 所示），层次较高的 985、211 高校中均无 40 岁以下的年轻领导，且 70.0%以上的女性领导现任年龄集中于 51 至 60 岁之间；层次较低的普通高校和独立学院在 4 个年龄段上均有分

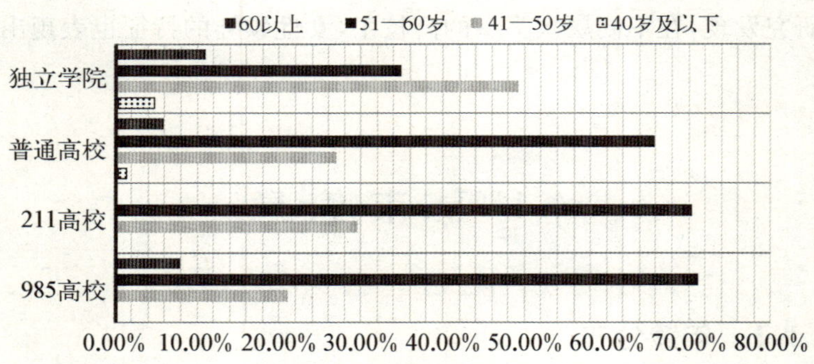

图 11　不同层次高校女性领导现任年龄分布

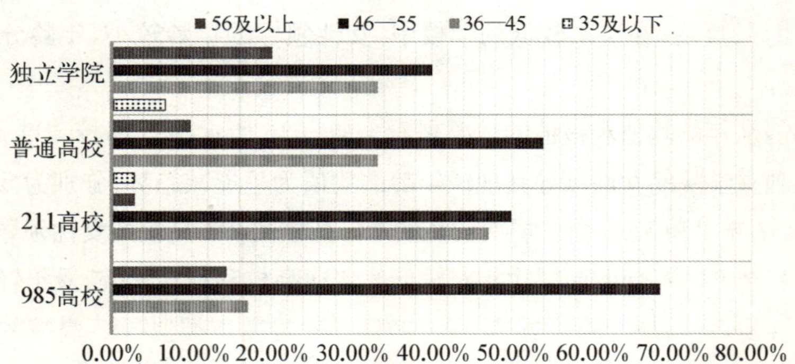

图 12　不同层次高校女性领导初任年龄分布

布，50 岁以下年龄段的比例逐渐提高，且独立学院女性领导有接近一半的现任年龄集中在 41 岁至 50 岁之间。初任年龄的分布规律与现任年龄大致一致。

值得注意的是，独立学院中女性领导表现出特有的老龄化现象。独立学院的女性领导样本中有 11.1%的人现任年龄超过 60 岁，20%的初任年龄大于 56 岁，均显著高于其余三个层次高校。

4.1.2 民族状况

不同层次学校中，女性的民族背景均以汉族为主；层次较高的 985 高校和 211 高校中女性领导少数民族比例低，层次较低的普通高校和独立学院中女性领导少数民族比例较高。

如表 17 所示，985 高校和 211 高校的女性少数民族领导均仅有 1 位，分别占样本总数的 3.2%和 2.8%；而在层次较低的普通高校和独立学院中，女性少数民族领导分别有 38 位和 5 位，分别占各自样本的 13.7%和 14.7%，明显多于在高层次学校中的任职比例。

表 17 不同层次高校中女性领导的民族背景

民族背景	985 高校		211 高校		普通高校		独立学院		合 计		统计学检验
	人数	列 N%	人数	列 N%	人数	列 N%	人数	列 N%	人数	列 N%	p
汉族	30	96.8%	35	97.2%	239	86.3%	29	85.3%	333	88.1%	—
少数民族	1	3.2%	1	2.8%	38	13.7%	5	14.7%	45	11.9%	

4.1.3 政治面貌

不同层次学校中女性领导的政治面貌差异不大，都主要以共产党员为主，民主党派和无党派人士所占比例很低。

如表 18 所示，4 类学校中女性领导里共产党员的比例均在 90.0%以上，按层次由高到低分别为100.0%、94.5%、92.7%和94.0%；样本中第一层次的985高校中女性领导全为中共党员；211高校有52位中共党员，3名民主党派人士；普通高校有405位中共党员，26名民主党派人士，6名无党派人士；独立学院有78位中共党员，5位民主党派人士。统计学检验结果显示，$p=0.745>0.05$，表明不同层次高校中女性领导的政治面貌无显著差异，由此可以推断出4类高校对于女性政治面貌的选任标准较为一致。

表18　不同层次高校女性领导的政治面貌

政治面貌	985高校		211高校		普通高校		独立学院		合　计		统计学检验
	人数	列 *N*%	人数	列 *N*%	人数	列 *N*%	人数	列 *N*%	人数	列 *N*%	*p*
中共党员	38	100.0%	52	94.5%	405	92.7%	78	94.0%	573	93.5%	0.745
民主党派	0	0.0%	3	5.5%	26	5.9%	5	6.0%	34	5.5%	
无党派	0	0.0%	0	0.0%	6	1.4%	0	0.0%	6	1.0%	

4.1.4　职位分布

研究发现，学校层次越高，女性职位越低；反之，学校层次越低，女性职位相对越高。

如表19所示，不同层次高校中，女性领导均有7成以上为副职，这是由高校正副职领导人员配备结构决定的；然而在不同学校中，女性担任正副职的相对比重因学校层次的不同而有所差异。层次最低的独立学院中，女性担任正职的比例最高，接近30.0%；而在层次较高的985高校、211高校以及普通高校中，女性领导担任正职的比例仅在15.0%左右。统计学检验结果$p=0.001<0.05$，说明女性领导在不同层次高校中的职位状况存在显著差异，由此推断，较高层次学校的核心领导层顶端对于女性的接纳程度较低，而较低层次学校的核心领导层对女性的接纳程度较高。

表 19 不同层次高校中女性职位的分布

职位(女)	985 高校		211 高校		普通高校		独立学院		合 计		统计学检验
	人数	列 *N*%	人数	列 *N*%	人数	列 *N*%	人数	列 *N*%	人数	列 *N*%	*p*
正职	6	13.0%	10	15.9%	78	14.9%	40	29.0%	134	17.4%	**0.001**
副职	40	87.0%	53	84.1%	445	85.1%	98	71.0%	636	82.6%	

4.1.5 职务分布

女性领导主要集中于党委班子，尤其在层次越高的学校中女性担任党委领导职务的比例越高。学校层次越高，女性身兼双职的比例越低，反之则越高。

由表 20 可以看出，在第一层次的 985 高校中，有一半以上的女性担任党委职务；在二、三、四层次的 211 高校、普通高校及独立学院中，女性担任行政领导的比例略高于党委领导。但从目前我国高校领导班子的配备结构来看，行政领导的数量规模一般为党委领导的 1.5 至 2 倍。虽然表面上我国高校女性领导担任行政领导人数较多，但是相对而言，女性领导事实上主要分布于党委班子，担任党委领导职务，尤其在层次越高的学校，女性越多地集中在党委班子。

表 20 不同层次高校中女性领导职务分布

职务	985 高校		211 高校		普通高校		独立学院		合 计		统计学检验
	人数	列 *N*%	人数	列 *N*%	人数	列 *N*%	人数	列 *N*%	人数	列 *N*%	*p*
行政	20	43.5%	31	49.2%	295	56.4%	79	57.2%	425	55.2%	**0.002**
党委	24	52.2%	30	47.6%	197	37.7%	39	28.3%	290	37.7%	
兼任	2	4.3%	2	3.2%	31	5.9%	20	14.5%	55	7.1%	

此外，女性领导身兼行政、党委双重领导职务的比例整体较少，总共有 7.1% 的女性身兼双职。尤其在层次较高的 985 高校和 211 高校，身兼双职的

女性领导寥寥无几，随着学校层次的降低，女性领导身兼双职的比例增多，在独立学院中，女性兼任两职的比例达14.5%。

统计学检验结果显示，$p=0.002<0.05$，表明不同层次高校中，女性领导的职务分布存在显著差异。由此可以推测，学校层次越高，女性领导的权力越少，党委权力越集中，行政权力越削弱。

4.1.6 任职流动性

女性领导的任职流动性存在明显的两极分化，表现为：层次较高的学校领导流动性强，层次较低的学校领导任职流动性弱。

具体来看（见表21），样本中985高校和211高校的女性领导流动性都在60.0%左右，分别为58.8%和64.6%；而在层次较低的学校中，女性领导的流动性不足40.0%，普通高校为39.6%，独立学院仅为33%。经过统计学检验，$p<0.001$，表明我国女性领导的任职流动性在不同层次的高校中存在明显的差异。

表21 不同层次高校女性领导任职流动性

任职流动性	985高校		211高校		普通高校		独立学院		合 计		统计学检验
	人数	列N%	人数	列N%	人数	列N%	人数	列N%	人数	列N%	p
流动	20	58.8%	31	64.6%	111	39.6%	15	33.3%	177	43.5%	0.001
未流动	14	41.2%	17	35.4%	169	60.4%	30	66.7%	230	56.5%	

4.2 教育背景

4.2.1 最高学位

不同层次高校中，女性领导的学位结构差异明显；随着学校层次的降低，女性领导的学位层次也呈现逐渐降低的趋势。

从横向比较上看，985 高校和 211 高校的女性领导中，博士学位的比例最高，均在 60%左右，分别为 62.2%和 59.6%；普通高校和独立学院的女性领导最高学位则以硕士学位居多，分别为 40.9%和 46.7%。从纵向比较上看，985 高校的女性领导所获学位依次从低到高逐渐增长；211 高校女性领导的最高学位两头大，中间小，硕士比例最低，仅 17.5%；普通高校女性领导的学位结构中，博士和硕士相差不大，分别为 40.3%和 40.9%，学士及以下较少；独立学院的女性领导的学位普遍为硕士和学士及以下，博士学位非常稀缺，仅有 17.3%（见表 22）。统计学检验结果显示，$p<0.001$，表明不同层次高校的女性领导，其学位构成存在明显差异，即学校层次越高，对女性领导的学位要求就越高。

表 22　不同层次高校女性领导最高学位获得情况

学位	985 高校		211 高校		普通高校		独立学院		合　计		统计学检验
	人数	列 N%	人数	列 N%	人数	列 N%	人数	列 N%	人数	列 N%	p
学士及以下	4	10.8%	13	22.8%	68	18.8%	27	36.0%	112	21.1%	<0.001
硕士	10	27.0%	10	17.5%	148	40.9%	35	46.7%	203	38.2%	
博士	23	62.2%	34	59.6%	146	40.3%	13	17.3%	216	40.7%	

4.2.2　毕业院校

总体而言，不同类型学校中，女性领导大部分毕业于国内高校，少量毕业于国外高校。其学位结构存在不同的分布形态，层次较高的学校其女性领导的毕业学校层次也较高。

如图 13 所示，各层次高校的女性领导均主要毕业于国内高校，毕业于海外高校的比例不及 5%。仅从国内就读学校来看，985 高校的女性领导的毕业学校结构层次明显高于其他学校，呈一头独大的倒三角形状，约 80.0%的女性毕业于 985 高校，而其余层次学校的女性领导毕业于 985 高校的比例均不及 50%；211 高校女性领导的学位结构表现为两头小中间大的橄榄形，有 52.0%

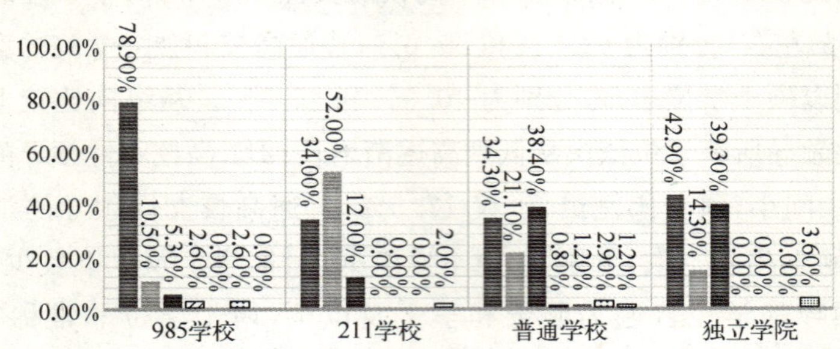

图 13　不同层次高校女性领导最后学位授予学校分布

的女性领导最终毕业于 211 高校，而毕业于 985 高校和国内其他学校的比例分别为 34.0%和 12.0%；普通高校和独立学院的女性领导的学位结构则变为两头大中间小的哑铃形，独立学院女性领导学位层次相对较高，这也许得益于其母体学校的师资优势以及对社会贤能的返聘机制。

4.3 学术背景

985 高校、211 高校以及普通高校的女性领导的学术背景普遍较高，独立学院与之仍存在较大差距。如表 23 所示，在 985 高校、211 高校及普通高校中，女性领导获得教授或同级别职称的比例均接近 80.0%，而独立学院中仅有不到 40.0%的女性领导拥有正教授或其他同级别职称。统计学检验结果显示，$p<0.001$，说明女性领导的学术背景在不同层次学校的分布差异具有统计学意义。这表明在我国的本科院校中，独立学院女性领导的学术背景与其余学校还存在较为明显的差距，需要采取必要的措施予以提高。

表 23　不同层次高校中女性获得教授或同级别职称的情况

是否教授	985 高校		211 高校		普通高校		独立学院		合　计		统计学检验
	人数	列 *N*%	人数	列 *N*%	人数	列 *N*%	人数	列 *N*%	人数	列 *N*%	*p*
否	8	20.5%	12	21.1%	77	20.3%	62	60.2%	159	27.5%	<0.001
是	31	79.5%	45	78.9%	303	79.7%	41	39.8%	420	72.5%	

4.4 国际化背景

整体上，各层次学校中女性领导的国际化程度均不高，层次较高学校中的女性领导的国际化背景相对较强，反之则较弱；具体而言，主要的海外经历方式为海外访学与研究。

如表24所示，层次较高的985高校和211高校女性领导具有海外经历的比例较高，其中985高校女性领导的国际化程度最高，35.7%的女性领导具有海外经历；层次较低的普通高校和独立学院中，女性领导具有海外经历的比例较低，其中普通高校最低，仅有16.6%的女性领导具有海外经历。统计学检验结果显示，$p=0.013<0.05$，表明不同层次高校在女性领导海外经历的有无上存在明显差异。

表24 不同层次高校女性领导的海外经历有无情况

是否具有海外经历	985高校		211高校		普通高校		独立学院		合计		统计学检验
	人数	列 *N*%	人数	列 *N*%	人数	列 *N*%	人数	列 *N*%	人数	列 *N*%	*p*
无	27	64.3%	42	73.7%	292	83.4%	55	77.5%	416	80.0%	**0.013**
有	15	35.7%	15	26.3%	58	16.6%	16	22.5%	104	20.0%	

具体来看，4类学校中的样本女性领导共520人，仅有104人(20.0%)具有海外经历，23人(4.4%)曾求学海外，6人(1.2%)曾供职海外，其余均为海外访学与研究。如图14所示，不同层次高校的女性领导在海外访学与研究方面所占比例较高，而在海外学习和工作的比例较低。此外，在海外工作方面，仅985高校的女性领导所占比例相对较高，其余层次高校女领导几乎无海外工作经历。根据统计学检验，海外学习、海外访学与研究以及海外工作的 p 值均小于0.05，表明我国不同层次的本科院校中，女性领导在不同类型的海外经历上均存在明显的不同。

然而整体而言，我国各层次高校中的女性领导的国际化背景都较为薄弱。在教育全球化背景下，提升国际视野、丰富海外经历是我国高校女性领导今后职业发展中无法回避的问题。

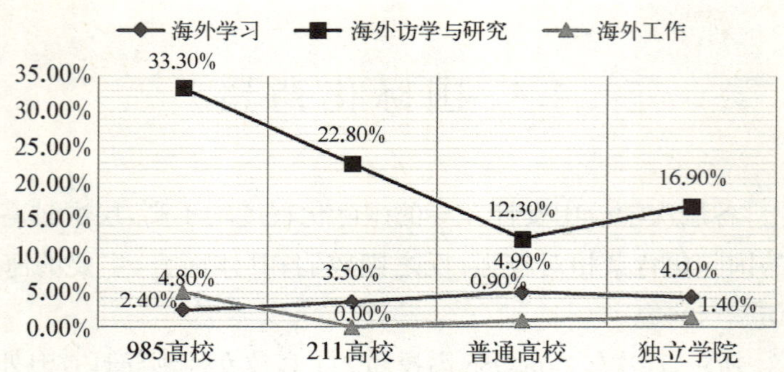

图 14 不同层次高校女性领导海外经历分布

4.5 晋升方式及工作背景

不同层次高校女性领导均以内部晋升为主要形式，普通高校的外部晋升比例最高，985 高校和 211 高校居中且无明显差异，独立学院的外部晋升比例最低(见表 25)。需要特别指出的是，独立学院内部晋升比例高与其二级学院的特殊身份有关，在数据收集过程中，由母体学校调任与兼任的独立学院任职情况都被视为内部职位调动，而这一部分的职务调动是独立学院主要的领导聘任形式。统计学检验结果显示，$p<0.001$，即表明各层次高校中女性领导的晋升方式存在显著差异。

表 25 不同层次高校女性领导的晋升方式

职业晋升	985 高校		211 高校		普通高校		独立学院		合 计		统计学检验
	人数	列 N%	人数	列 N%	人数	列 N%	人数	列 N%	人数	列 N%	p
外部	12	30.0%	16	32.0%	150	45.2%	13	19.4%	191	39.1%	<0.001
内部	28	70.0%	34	68.0%	182	54.8%	54	80.6%	298	60.9%	

985 高校、211 高校及普通高校中女性领导的外部晋升机构主要为外部高校和政府，外部企业和学术机构相对较少；然而，外部企业是独立学院女性领

导的主要外部晋升来源。外部晋升的女性领导中约有 57.3%来自于外部高校,32.4%来自于政府,这两类工作领域占外部晋升的比例接近 90.0%,而外部学术机构仅有 2.7%,外部企业为 7.6%。图 15 中由内到外分别是 985 高校、211 高校、普通高校和独立学院。除独立学院之外,三类高校的外部晋升机构均符合总体的趋势,985 高校、211 高校及普通高校的女性领导均绝大部分来自外部高校与政府,而独立学院外部晋升的女性领导中,有 61.5%来自企业,38.5%来自外部高校,独立学院这一外部来源也许与其民营资本的出资模式有关(如图 15 所示)。

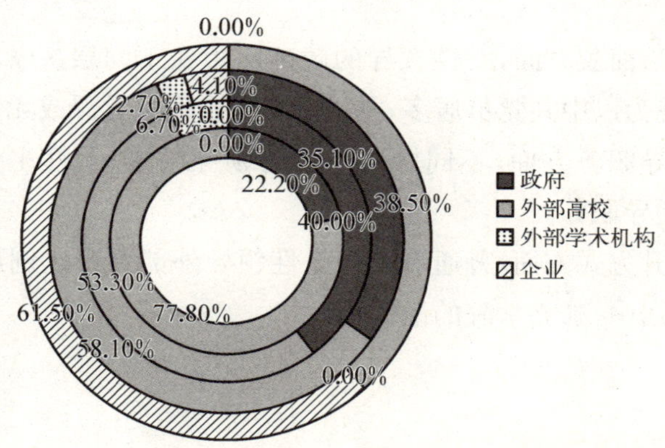

图 15 不同层次高校女性领导外部晋升的机构领域分布

4.6 本章研究结果

4.6.1 不同层次本科院校间,女性领导特征的垂直差异

985 高校、211 高校、普通高校以及独立学院在综合办学目标、办学规模、办学主体、财政状况、社会声誉等方面均有所不同,层次越高的学校对校领导的要求自然也越高。

(1) 学校层次越高,女性领导的年龄越大,且集中化趋势明显;反之,在层次较低的学校中,女性领导的年龄较小,年龄分布范围也较广。

(2) 随着学校层次的降低,女性领导中少数民族的比例逐渐升高。

(3) 随着学校层次的降低,女性领导职位相对越高。

(4) 随着学校层次的降低,女性领导任职的异地流动性减弱。

(5) 学校层次越低,女性领导的学位层次和学位授予学校层次越低。

(6) 学校层次越低,女性领导的学术职称获得水平越低。

(7) 随着学校层次的降低,女性领导的国际化背景越来越薄弱。

4.6.2 不同层次学校中,女性领导特征的非垂直差异

(1) 在政治面貌方面,女性领导的政治面貌在不同层次学校中的差异并不显著,均表现为以中共党员居多,零星分布若干民主党派或无党派人士。

(2) 在领导职务方面,不同层次高校的领导层中,女性主要居于党委班子,担任党委领导职务。

(3) 在晋升方式方面,普通高校的女性领导外部晋升比例最高,985 高校和 211 高校的居中,独立学院的最低。

第五章　不同职位间女性领导特征差异

正职与副职是领导集团或领导班子的主要权力职位划分，在管理中都发挥着各自重要的领导作用。正职与副职由于在领导班子中的位置不同，因此工作侧重点与分工也存在不同。正职主要负责行使最高决策权，同时加强行政协调和监督检查；副职则主要负责提出方案，参与决策并组织落实决策方案。副职可以“埋头拉车”，但正职必须“抬头看路”[133]，因而需要具备更加广博的知识和高远的视野。我国的行政领导体制是行政首长负责制，正职需要对本单位完全负责；副职作为领导者之一，其职责主要是辅助正职负责某一方面或几方面的工作，接受正职的领导[134]。所以，正职在领导班子中居于主导地位，是权力的核心。

此次本科院校领导的普查结果显示，女性正职领导共 134 位，占女性领导总数的 17.4%；女性副职领导共 636 位，占女性领导总数的 82.6%。正、副职女性领导，位于不同职位上的两个领导群体，其特征差异是本章关注的重点。

5.1 基本信息

5.1.1 年龄分布

正职女性领导年龄（包括现任年龄和初任年龄）大于副职女性领导。从平均年龄上看，正职领导的现任年龄与初任年龄均高于副职，正职女性领导的现任平均年龄为54.4岁，副职为52岁；正职女性领导的平均初任年龄为51岁，而副职女性领导平均为47岁(见表26)。

表26　不同职位间女性领导现任年龄和初任年龄

职位(女)	现任年龄				初任年龄			
	均值	标准差	最小值	最大值	均值	标准差	最小值	最大值
正职	54.4	6.2	27	69	50.7	6.8	23	61
副职	52.0	5.8	27	70	47.0	5.4	31	58

从具体年龄分段上看，(如图16、图17所示)女性领导的现任年龄和初任年龄的分布结构类似。现任年龄方面，女性正、副职领导均主要集中分布在51岁至60岁之间；而在41岁至50岁年龄段，正职女性领导的比例低于副职女

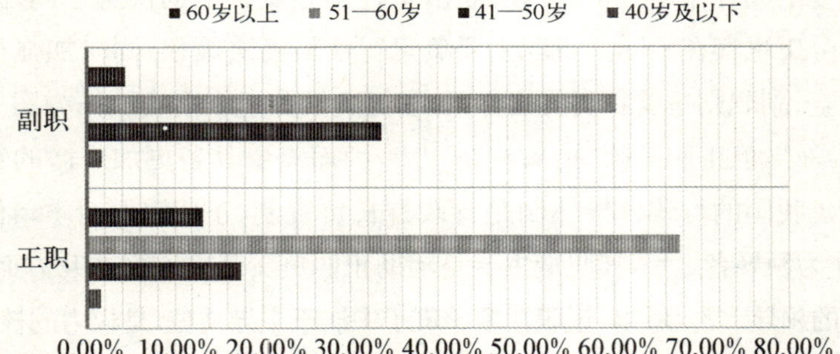

图16　不同职位间女性领导现任年龄分布

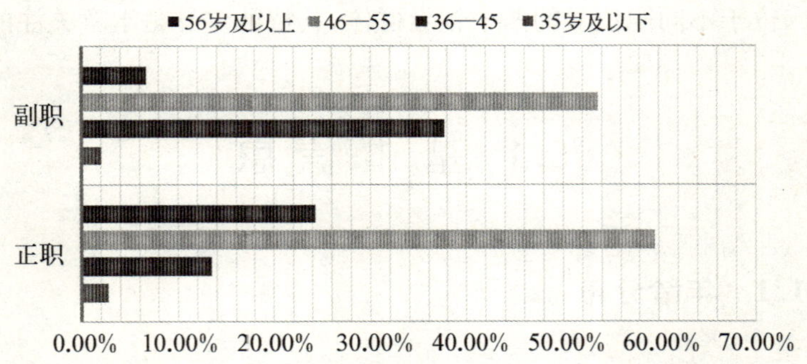

图17　不同职位间女性领导初任年龄分布

性领导，在 60 岁以上年龄段，正职女性领导的比例高于副职女性领导。初任年龄方面，女性副职领导主要集中在 36 岁至 55 岁之间，女性正职领导则主要集中在 46 岁以上。根据统计学检验，p 值均小于 0.05，表明不同职位间女性领导的现任年龄和初任年龄分布均存在显著差异，由此可以推出，我国普通本科院校中，女性领导的年龄分布与职位的高低有关。

5.1.2　学校分布

女性在层次较高的学校正职占有比例偏低，在层次较低的学校正职占有比例偏高；与此对应，女性在较高层次的高校中担任副职的比例偏高，在层次较低的学校担任副职的比例偏低。

如表 27 所示，女性领导在 985 高校、211 高校及普通高校担任正职的比例均在 15.0%左右，而在独立学院中，有 29%的女性领导担任正职，是其他三类学校的近 2 倍。统计学检验结果显示，$p=0.001<0.05$，表明不同职位间女性领导在不同层次高校的就职状况存在差异。由此可知，在我国，女性在越高层次学校中越难成为正职领导，在相对层次较低的学校担任正职的机会较大。

表 27　不同职位间女领导在各层次高校中的分布

学校层次	正　职		副　职		合　计		统计学检验
	人数	行 ***N***%	人数	行 ***N***%	人数	列 ***N***%	***p***
985 高校	6	13.0%	40	87.0%	46	5.9%	**0.001**
211 高校	10	15.9%	53	84.1%	63	8.2%	
普通高校	78	14.9%	445	85.1%	523	67.9%	
独立学院	40	29.0%	98	71.0%	138	17.9%	
合　计	134	17.4%	636	82.6%	770	100.0%	

5.1.3　职务分布

女性正职领导主要分布于党委班子，副职领导主要集中于行政班子。

由表28可知，134位女性正职领导中，有72位(53.7%)是党委领导，此外还有31位(23.1%)兼任党委和行政领导；而636位女性副职领导中有394位(61.9%)任职于行政班子，此外还有24位(3.8%)身兼双职。由于行政班子自身规模较大，需要更多的人员配备，因此女性副职领导较多位于行政岗位也符合常理。根据统计学检验，$p<0.001$，表明正副职女性在不同职务上的分布存在差异。

表28　不同职位间女性领导的职务权力分布

职位(女)	正　职			副　职			合　计		统计学检验
	人数	行 *N*%	列 *N*%	人数	行 *N*%	列 *N*%	人数	列 *N*%	*p*
行政	31	7.3%	23.1%	394	92.7%	61.9%	425	55.2%	**<0.001**
党委	72	24.8%	53.7%	218	75.2%	34.3%	290	37.7%	
兼任	31	56.4%	23.1%	24	43.6%	3.8%	55	7.1%	

5.1.4　民族状况

女性正职领导几乎都为汉族，女性副职领导中少数民族的比例相对较高。

收集到民族信息的女性正职领导共66位，其中汉族共65位，少数民族仅有1位，占正职女性总人数的1.5%；女性副职领导共312位，汉族有268位，少数民族共44位，占女性副职总人数的14.1%(见表29)。经统计学检验，$p=0.004<0.05$，表明正副职女性领导的民族状况存在显著差异，因而可以推断出我国普通本科院校的女性正职领导在绝大多数情况下都为汉族，女性副职领导的民族状况相对多样化。

表29　不同职位间女性领导的民族背景

民族背景	副　职			正　职			合　计		统计学检验
	人数	行 *N*%	列 *N*%	人数	行 *N*%	列 *N*%	人数	列 *N*%	*p*
汉　族	268	80.5%	85.9%	65	19.5%	98.5%	333	88.1%	**0.004**
少数民族	44	97.8%	14.1%	1	2.2%	1.5%	45	11.9%	

5.1.5 政治面貌

正副职女性领导的政治面貌并无较大差异，均以中共党员身份为主，副职中民主党派和无党派人士相对较多。此项变量共收集女性正职118位，其中115位为中共党员，占女性正职总数的97.5%，3位民主党派人士，占2.5%；女性副职领导共495位，其中92.5%(458位)为中共党员，民主党派和无党派人士分别为31位和6位，所占比例分别为6.3%和1.2%(见表30)。经统计学检验，$p=0.192>0.05$，因此表明，在我国高校中，无论女性担任正职还是副职，绝大多数均为中国共产党党员的身份。

表30 不同职位间女性领导的政治面貌分布

政治面貌	副职			正职			合计		统计学检验
	人数	行 *N*%	列 *N*%	人数	行 *N*%	列 *N*%	人数	列 *N*%	*p*
中共党员	458	79.9%	92.5%	115	20.1%	97.5%	573	93.5%	0.192
其他党派	31	91.2%	6.3%	3	8.8%	2.5%	34	5.5%	
无党派	6	100.0%	1.2%	0	0.0%	0.0%	6	1.0%	

5.1.6 任职流动性

在任职流动性方面，女性正副职之间差异不大，正职的流动性相对高一点。

如表31所示，一半以上的女性正副职领导均在其出生省份就职，工作地点没有发生地域迁移；正职女性的工作有47.0%存在异地交流，副职的异地就职比例为42.8%。统计学检验结果显示，$p=0.787>0.05$，表明不同职位上的女性领导，其任职的地域流动性无太大差别。由此可得，任职流动性不能作为区分女性正副职特征的一项指标。

表 31 不同职位间女性领导的任职流动性

任职流动性	正职			副职			合计		统计学检验
	人数	行 N%	列 N%	人数	行 N%	列 N%	人数	列 N%	p
流　动	31	17.5%	47.0%	146	82.5%	42.8%	177	43.5%	0.787
未流动	35	15.2%	53.0%	195	84.8%	57.2%	230	56.5%	

5.2 教育背景

5.2.1 最高学位

正副职女性领导的整体教育背景相当，无明显差异。

在学位结构方面，正副职女性领导的学位状况均呈现“倒三角”的分布形态，学位越高，比例越高。正副职领导在各学位层次上的比例高度接近，博士学位的比例均在40%以上，硕士学位的比例在30%以上，而学士学位及以下的比例在20%左右(见表32)。根据统计学检验 $p=0.792>0.05$，可以推断出我国普通本科院校中正副职女性领导的学位状况不存在显著差异。

表 32 不同职位间女性领导的学位获取分布

学位	正职			副职			合计		统计学检验
	人数	行 N%	列 N%	人数	行 N%	列 N%	人数	列 N%	p
学士及以下	21	18.8%	23.3%	91	81.3%	20.6%	112	21.1%	0.792
硕　士	32	15.8%	35.6%	171	84.2%	38.8%	203	38.2%	
博　士	37	17.1%	41.1%	179	82.9%	40.6%	216	40.7%	

5.2.2 毕业院校

在学位授予学校方面，正副职领导毕业学校的分布情况也高度相似。正副职女性领导中，获得国内大学学位的女性领导占绝对多数，985 高校和普通高校的比例相对较高，211 高校比例相对较低；获得海外大学学位的人数稀少，正职就读的海外大学排名相对靠前，副职就读的海外大学排名相对较后（如图 18 所示）。由正副职女性领导的就读学校分布情况可知，教育背景在整体上并非区分女性领导职位高低的一个突出因素。

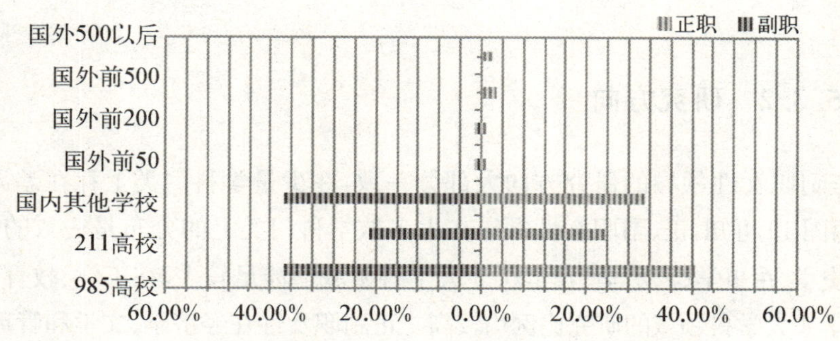

图 18　不同职位间女性领导最后学位授予学校

5.3　学术背景

5.3.1　学术职称

正副职领导的学术成就存在一定的差距，正职女性领导获得教授或同级别学术职称的比例较高，而副职获得教授或同级别学术职称比例较低。

如表 33 所示，103 位正职女性领导中，有 85 位获得教授或同级别学术职称，占正职女领导的 82.5%；476 位副职女性领导中，有 335 位获得教授或同级学术职称，比例为 70.4%。根据统计学检验，$p=0.012<0.05$，表明正副职女性领导在教授等学术职称的获取上存在较为明显的差异。由此可知，在我国普通本科院校中，学术造诣较高的女性较学术水平较低的女性更容易升任正职。

表 33　不同职位间女性领导的教授或同级别职称获取情况

是否教授	正职			副职			合计		统计学检验
	人数	行 N%	列 N%	人数	行 N%	列 N%	人数	列 N%	p
是	85	20.2%	82.5%	335	79.8%	70.4%	420	72.5%	0.012
否	18	11.3%	17.5%	141	88.7%	29.6%	159	27.5%	

5.3.2　研究方向

正副职女性领导的研究方向大部分一致，在少量学科门类上存在差异。

由图 19 可知，正、副职女性领导在大多数学科门类上的分布是一致的，在哲学、历史学、军事学、艺术学、农学这 5 大学科领域均涉足较少，在工学、教育学、医学、法学 4 大学科领域的研究比例均较高。正副职女性在经济学、文学和管理学三大学科领域的分布上存在差异，正职女性研究经济学和管理学的比例较高，副职研究文学的比例较高。正副职研究方向的差异也许与其职位所需的职能分工有关。

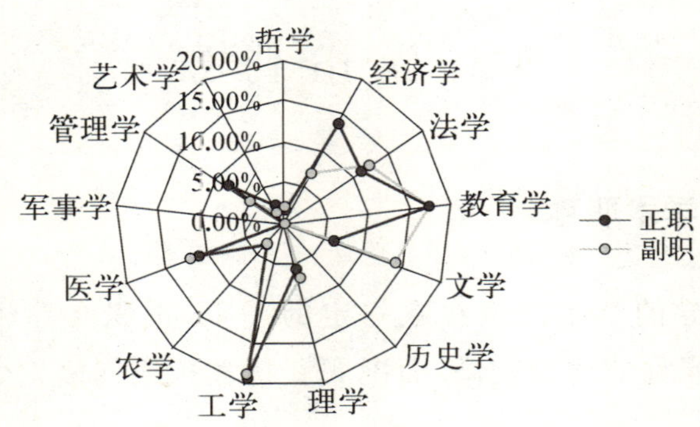

图 19　不同职位间女性领导研究方向分布

5.4　国际化背景

女性领导的国际化程度整体不高；正职女性领导的国际化程度相对较高；

正、副职女性的海外经历差异并不明显。

如表 34 所示，整体上女性领导的国际化程度比例较低，仅有 20.0%具有海外经历。其中正职女性具有海外经历的比例为 27.2%，共 22 人；副职女性具有海外经历的比例略低，不足 19.0%，共 82 人。由统计学检验结果可知，$p=0.080>0.05$，正副职女性领导的海外经历的有无情况并没有显著差别。

表 34 不同职位间女性领导的海外经历有无情况

是否具有海外经历	正职			副职			合计		统计学检验
	人数	行 N%	列 N%	人数	行 N%	列 N%	人数	列 N%	p
无	59	14.2%	72.8%	357	85.8%	81.3%	416	80.0%	0.080
有	22	21.2%	27.2%	82	78.8%	18.7%	104	20.0%	

从具体的海外经历方式来看，正副职女性领导在海外学习及海外工作方面，均无明显差异；唯有在海外访学与研究方面存在一定差异。正职女性中具有海外访学与研究经历的比例为 23.5%，共 19 人；副职女性该项海外经历的比例仅 14.4%，共 63 人（如图 20 所示）。统计学检验结果显示，$p=0.039<0.05$，表明正副职女性在海外访学与研究的经历上差异显著，因此可以推断出在我国高校中，女性正副职领导尽管整体上海外经历无太大差异，但在具体的海外经历方式上仍存在一定的差别，正职女性领导在外海访学或研究方面的经历明显多于副职女性领导。

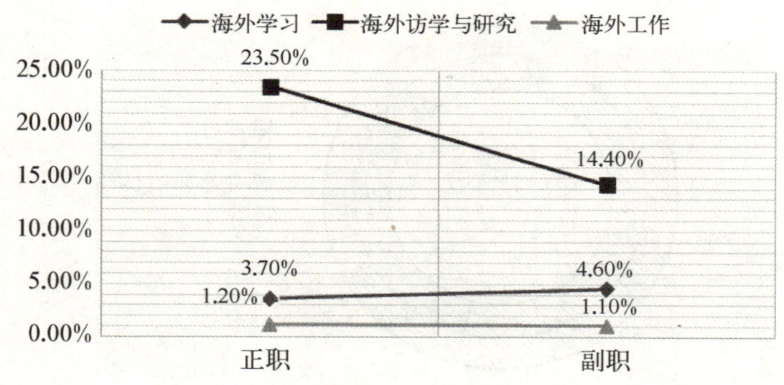

图 20 不同职位间女性领导海外经历分布

5.5 晋升方式及工作背景

正职女性领导内部和外部的晋升方式几乎均衡，副职女性领导的晋升方式仍以内部为主。

调查中正职女性领导共77位，其中38位属于外部晋升，39位为内部晋升，内外部晋升比例几乎持平；而副职女性领导共412位，259位属于内部晋升至现职，153位属于外部晋升，内部晋升的比例达62.9%(见表35)。统计学检验结果显示，$p=0.044<0.05$，表明女性正副职领导在晋升方式上存在显著差异。由此可知，我国普通本科院校要求正职领导具有高瞻远瞩的领导能力以及多样的职业经历和外部管理思维，因此副职女性领导要想走上正职的道路，须经历更多元的职业历练以及思维模式的跨越转变。

表35　不同职位间女性领导的晋升方式

晋升方式	正职			副职			合计		统计学检验
	人数	行 *N*%	列 *N*%	人数	行 *N*%	列 *N*%	人数	列 *N*%	*p*
外部	38	19.9%	49.4%	153	80.1%	37.1%	191	39.1%	**0.044**
内部	39	13.1%	50.6%	259	86.9%	62.9%	298	60.9%	

图21由内圈至外圈分别表示正职和副职女性领导晋升的机构领域分布。

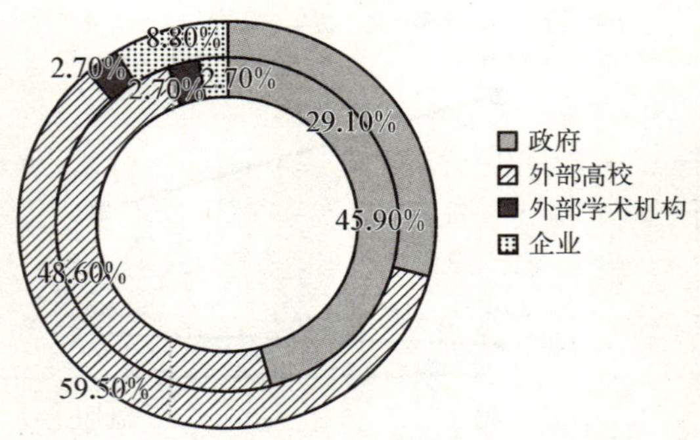

图21　不同职位间女性领导外部晋升的机构领域分布

外部晋升的机构方面，整体结构上，正副职女性领导的外部机构来源分布基本相似，主要来自外部高校和外部政府，外部企业和学术机构相对较少。从具体的比例来看，正职来自政府机构的比例明显高过于副职，来自外部高校与外部企业的比例明显低于副职。

5.6 本章研究结果

5.6.1 不同职位间，女性领导特征的纵向差异

(1) 在正职职位上，女性领导的年龄更大；副职女性领导年龄较小。

(2) 正职职位的女性就职的学校层次相对更低；副职就职学校层次相对更高。

(3) 正职职位的女性领导更多分布于党委班子；副职职位的女性领导担任党委领导的比例相对较低，担任行政领导的比例更高。

(4) 正职职位上的女性领导汉族和中共党员的比例更高；副职职位上女性领导少数民族，民主党派或无党派的比例相对更高。

(5) 正职职位的女性领导任职地域流动性相对更大；副职职位的女性领导任职地域流动性相对较小。

(6) 正职职位的女性领导获得教授或同级别职称比例更高；副职女性领导的学术背景相对较弱。

(7) 正职职位的女性领导外部晋升的比例较副职职位的女性领导更高。

5.6.2 不同职位间，女性领导特征的相似性

(1) 在教育背景方面，不同职位间女性领导的整体教育背景相当，无明显差异。

(2) 在任职流动性方面，不同职位间女性领导的任职流动性结构相似，无明显差异。

第六章　不同职务间女性领导特征差异

6.1 基本信息

6.1.1　年龄分布

女性党委领导的平均年龄（包括现任年龄和初任年龄）大于女性行政领导，兼任两种职务的女性领导平均年龄最小；且女性行政领导的年龄跨度较大，党委领导的年龄跨度相对较小。

总体来看，女性行政领导的现任平均年龄为 51.8 岁，女性党委领导为 53.5 岁，身兼两职的女性领导现任平均年龄为 51.1 岁。初任年龄中同样女性党委领导年龄大于女性行政领导，女性行政领导的初任平均年龄为 47.2 岁，女性党委领导的初任平均年龄为 48.9 岁，然而身兼两职的女性领导初任平均年龄较小，仅为 42.2 岁（见表 36）。

表 36　不同职务间女性领导的现任年龄和初任年龄

职位（女）	现任年龄				初任年龄			
	均值	标准差	极小值	极大值	均值	标准差	极小值	极大值
行政	51.8	5.5	27	70	47.2	4.9	34	58
党委	53.5	5.9	36	69	48.9	5.9	35	61
兼职	51.1	8.9	27	62	42.2	12.3	23	59

分段来看，现任女性行政和党委领导的年龄分布均集中于 41 岁至 60 岁之间，但行政领导呈现相对年轻化的趋势，女性行政领导在 41 岁至 50 岁阶段的比例高于女性党委领导同年龄段的比例，而在 51 岁至 60 岁阶段，女性行政领导所占的比例又低于女性党委领导的比例（如图 22 所示）。统计学检验结果显示，p 值均小于 0.05，表明在不同职务上，女性领导的年龄分布存在显著差异。由此可以得出，我国普通本科院校中，相较于女性党委领导而言，女性行政领导的年龄相对年轻化。初任不同职务间女性领导年龄分布如图 23 所示。

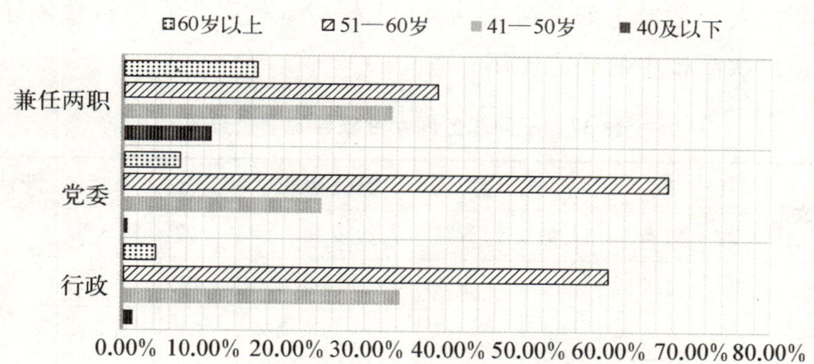

图 22 不同职务间现任女性领导年龄分布

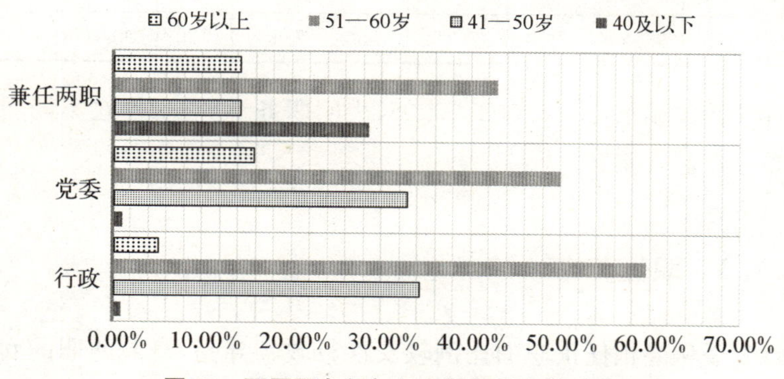

图 23 不同职务间初任女性领导年龄分布

6.1.2 学校分布

首先，女性党委领导在高层次学校的任职比例高于女性行政领导和兼任两职的女性领导，在层次较低的学校中，女性行政领导和兼任两职的女性领导比例偏高。在985高校和211高校，女性党委领导的任职比例分别为8.3%和10.3%，行政领导的任职比例为4.7%和7.3%，而兼任两职的女性领导均为3.6%。在层次较低的普通高校和独立学院中，女性行政领导的任职比例分别为69.4%和18.6%，兼任两职的女性领导比例分别为56.4%和36.4%，女性党委领导的比例分别为67.9%和13.4%(见表37)。

其次，兼任两职的女性领导主要集中在层次较低的学校。在独立学院中，兼任两职的女性领导比重占到36.4%(见表37)，远高于女性行政领导和党委领导在该层次高校中的任职比例。

表37　不同职务间女性领导的学校分布

学校层次	行　政		党　委		兼任两职		合　计		统计学检验
	人数	列 N%	人数	列 N%	人数	列 N%	人数	列 N%	p
985高校	20	4.7%	24	8.3%	2	3.6%	46	5.9%	0.002
211高校	31	7.3%	30	10.3%	2	3.6%	63	8.2%	
普通高校	295	69.4%	197	67.9%	31	56.4%	523	67.9%	
独立学院	79	18.6%	39	13.4%	20	36.4%	138	17.9%	
合　计	425	55.2%	290	37.7%	55	7.1%	770	100.0%	

统计学检验显示，$p=0.002<0.05$，表明职务不同，女性在不同层次高校中的分布存在显著差异。

6.1.3　职位分布

女性党委领导担任正职的比例较女性行政领导高，身兼两职的女性领导最高职位为正职的比例较高。

在被调查的女性领导中，女性党委和行政领导均以副职占多；在正职职位上，女性行政领导的比例为7.3%，而女性党委领导的比例为24.8%，是女性行政领导的3倍多。而兼任两职的女性领导则以正职比例偏高，比例高达56.4%，多为正职兼任另一副职职务(见表38)。

表 38　不同职务间女性领导的职位分布

职位(女)	行政		党委		兼任		合计		统计学检验
	人数	列 N%	人数	列 N%	人数	列 N%	人数	列 N%	p
正职	31	7.3%	72	24.8%	31	56.4%	134	17.4%	**<0.001**
副职	394	92.7%	218	75.2%	24	43.6%	636	82.6%	

统计学检验结果显示，$p<0.001$，表明不同职务间女性领导的职位分布存在显著差异。由此可以推断，一般兼任两职的女性领导担任正职的希望最大，其次是女性党委领导，女性行政领导担任正职的可能性最小。

6.1.4　民族状况

行政、党委班子中的女性领导，其民族结构不存在明显差别，主要以汉族为主，少量少数民族。如表 39 所示，党委、行政班子中，女性领导约有接近 90%为汉族，10.0%左右为少数民族。根据统计学检验，$p=0.994>0.05$，表明党委、行政班子中女性领导的民族状况没有显著差异，可知在我国普通本科院校中，女性领导的民族背景不会影响其在两大领导班子中的任职。

表 39　不同职务间女性领导的民族背景

民族背景	行政		党委		兼任两职		合计		统计学检验
	人数	列 N%	人数	列 N%	人数	列 N%	人数	列 N%	p
汉　族	184	87.6%	132	88.6%	17	89.5%	333	88.1%	0.944
少数民族	26	12.4%	17	11.4%	2	10.5%	45	11.9%	

6.1.5　任职流动性

行政、党委班子中的女性领导，其任职流动性高度一致。如表 40 所示，无论女性在行政班子还是在党委班子，抑或身兼双职，均以在其出生省份就职为主，在相应总体中均占比 57.0%左右，任职出现异地交流的比例均在 43.0%左右。统计学检验结果显示，$p=0.979>0.05$，表明样本女性领导在行政、党委两大班子中的任职流动性没有显著差异。因此可以推断出，在我国普通本科院校中，女性领导的职业流动与其所属的职务体系无关。

表 40　不同职务间女性领导的任职流动性

任职流动性	行　政		党　委		兼任两职		合　计		统计学检验
	人数	列 N%	人数	列 N%	人数	列 N%	人数	列 N%	p
流　动	101	43.9%	66	42.9%	10	43.5%	177	43.5%	0.979
未流动	129	56.1%	88	57.1%	13	56.5%	230	56.5%	

6.2 教育背景

6.2.1　最高学位

党委和行政班子中，女性领导的学位结构明显不同；女性行政领导的学位层次整体高于女性党委领导，身兼两职的女性领导其学位层次介于二者之间。

见表 41，女性行政领导的学位结构呈“倒三角形”，学位层次越高，比例越高；女性行政领导中有一半以上已获得博士学位。而女性党委领导的学位结构呈“橄榄形”，两头小、中间大，硕士学位及学士学位的获得比例相对较高，博士学位比例最低。根据统计学检验显示，$p<0.001$，表明女性领导的学位状况在两大班子中存在显著差异。

表 41　不同职务间女性领导的最高学位

学　位	行　政		党　委		兼任两职		合　计		统计学检验
	人数	列 N%	人数	列 N%	人数	列 N%	人数	列 N%	p
学士及以下	49	15.4%	54	30.3%	9	26.5%	112	21.1%	<0.001
硕　士	106	33.2%	83	46.6%	14	41.2%	203	38.2%	
博　士	164	51.4%	41	23.0%	11	32.4%	216	40.7%	

6.2.2 毕业院校

首先，在就读于国内大学的领导中，女性行政、党委领导的学校分布差异不大，兼任两职的女性领导就读学校层次相对较低。女性行政与党委领导均有40%以上毕业于985高校，30%左右毕业于普通高校，而身兼两职的女性领导中，有一半毕业于国内普通大学，仅有不到30%毕业于985高校。

其次，女性行政领导以及身兼两职的女性领导获取国外学位的比例比女性党委领导高。在行政班子中，约有6.6%的女性领导曾获得国外学位，兼任两职的女性领导中有7.2%获得国外学位，而党委班子中的女性领导获取国外学位的比例仅为2.3%（如图24所示）。

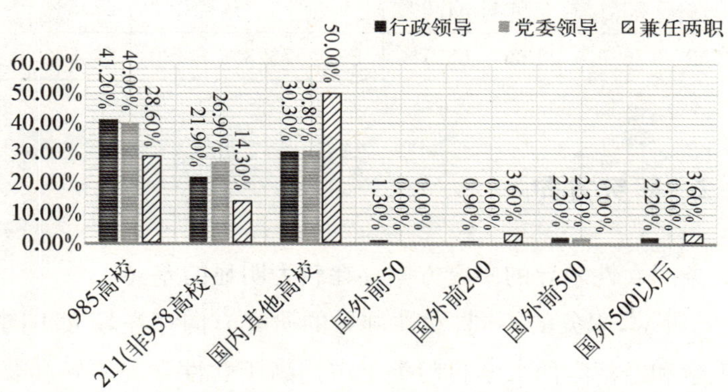

图24 不同职务间女性领导最后学位授予学校分布

由此可知，在我国普通本科院校中，女性行政领导的教育背景优于女性党委领导。

6.3 学术背景

6.3.1 学术职称

女性行政领导的学术水平高于女性党委领导，兼任两职的女性领导其学术水平与行政领导的水平一致。如表 42 所示，在行政班子中，女性领导有76.9%获得教授或同级别学术职称，而在党委班子中，女性领导获得教授或同级别学术职称的比例为 65.1%。统计学检验结果显示，$p=0.01<0.05$，在党委、行政两大班子中，女性领导获得教授级学术职称的状况存在显著差异。由此可以判断，我国普通本科院校中，女性党委领导的学术背景不及女性行政领导，这与党委、行政领导的职务分工对于学术能力的要求相吻合。

表 42　不同职务间女性领导获得教授或同级别职称情况

是否教授	行 政		党 委		兼任两职		合 计		统计学检验
	人数	列 *N*%	人数	列 *N*%	人数	列 *N*%	人数	列 *N*%	*p*
否	76	23.1%	74	34.9%	9	23.7%	159	27.5%	0.01
是	253	76.9%	138	65.1%	29	76.3%	420	72.5%	

6.3.2　研究方向

不同职务间女性领导的研究方向存在较为明显的差异。

如图 25 所示，职务的不同，女性领导的研究方向存在较大不同。女性行政领导在工学和经济学两大学科门类上占比高于女性党委领导和兼任两职的女性领导；党委领导最为突出的研究方向为教育学、法学和管理学；而兼任两职的女性领导主要在文学和医学方面具有明显学科优势。

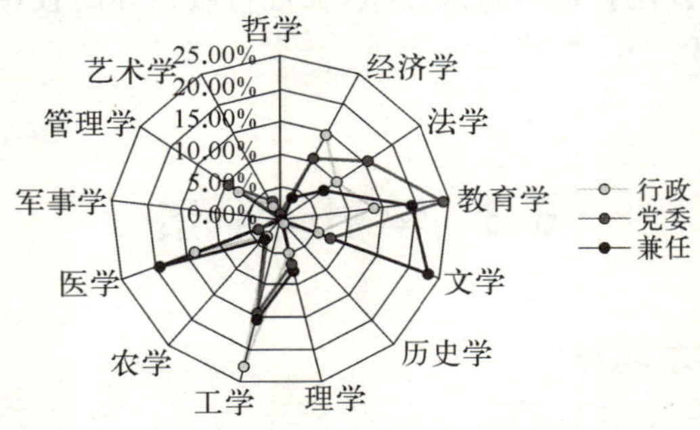

图 25　不同职务间女性领导研究方向分布

6.4 国际化背景

女性行政领导的国际化程度明显高于女性党委领导，兼任两职的女性领导国际化程度与行政领导一致。

首先，对“是否具有海外经历”的调查显示，女性行政领导具有海外经历的比例为25.7%，党委领导仅有10.3%（见表43）。统计学检验结果显示，$p<0.001$，表明党委、行政两大班子中，女性领导是否具有海外经历存在明显差异。据此可得，我国普通本科院校中，女性行政领导的海外经历多于女性党委领导。

表43 不同职务间女性领导海外经历的有无情况

是否具有海外经历	行政		党委		兼任两职		合计		统计学检验
	人数	列 *N*%	人数	列 *N*%	人数	列 *N*%	人数	列 *N*%	*p*
无	217	74.3%	174	89.7%	25	73.5%	416	80.0%	**<0.001**
有	75	25.7%	20	10.3%	9	26.5%	104	20.0%	

其次，在不同海外经历方式上，女性党委领导在海外学习、海外访学与研究、海外工作的经历均不及女性行政领导。女性行政领导海外学习和海外访学与研究的比例分别为6.5%和19.5%，女性党委领导具有这两项海外经历的比例仅为1.0%和9.3%（如图26所示）。其统计学检验结果，p 值均小于0.05，表明两

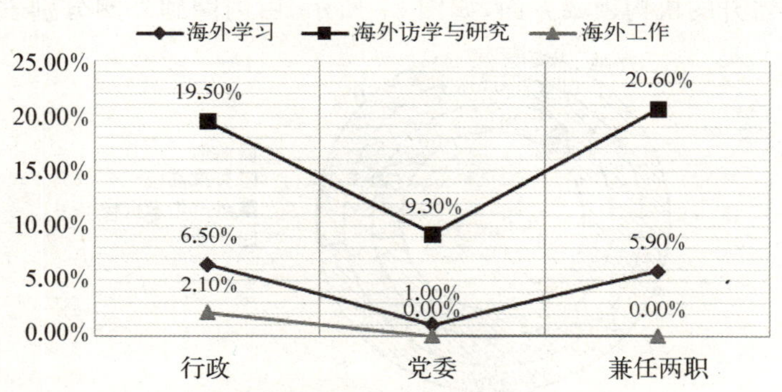

图26 不同职务间女性领导海外经历分布

大班子女性领导在这两项海外经历上存在显著差异。而在海外工作经历方面，194 位女性党委领导无一位曾就职于海外。由此可以推断，我国普通本科院校中的女性行政领导在不同类型的海外经历方式上均优于女性党委领导。

6.5 晋升方式及工作背景

两大领导班子中，女性领导的晋升方式均以内部为主，外部为辅；晋升结构差别不大。

如表 44 所示，女性行政领导外部晋升的比例为 38%，兼任两职的女性领导其外部晋升比例为 34.4%，均小幅低于女性党委领导的外部晋升比例(41.4%)。统计学检验结果显示，$p=0.654>0.05$，表明两大班子中女性领导的晋升方式不存在显著差异。因此，可以推断出我国普通本科院校的女性领导，其晋升以后属于哪个领导集体，与其晋升的方式无关。

表 44 不同职务间女性领导的晋升方式

晋升方式	行政		党委		兼任两职		合计		统计学检验
	人数	列 N%	人数	列 N%	人数	列 N%	人数	列 N%	*p*
外部	103	38.0%	77	41.4%	11	34.4%	191	39.1%	0.654
内部	168	62.0%	109	58.6%	21	65.6%	298	60.9%	

外部晋升的机构领域方面，如图 27 所示，由内圈到外圈分别表示女性行

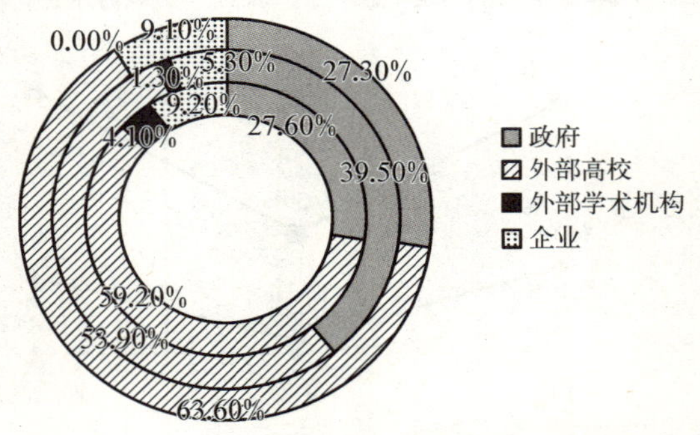

图 27 不同职务间女性领导外部晋升的机构领域分布

政领导、女性党委领导、兼任两职的女性领导。从整体分布结构上看，职务不同的女性领导其外部机构来源相似，主要为外部高校和外部政府，外部企业和学术机构相对较少。从具体比例上看，女性党委领导来自政府机构的比例显著高于女性行政领导和兼任两职的女性领导；而在外部高校、外部学术机构和外部企业的晋升上，女性行政领导的比例则偏高。

6.6 本章研究结果

6.6.1 不同职务间，女性领导特征的横向差异

（1）女性党委领导平均年龄偏大，但年龄跨度偏小；女性行政领导平均年龄较小，且年龄跨度大。

（2）女性党委领导的学位层次相对较低；女性行政领导的学位层次较高。

（3）女性党委领导的教授职称获取比例比女性行政领导低；研究方向存在明显差异。

（4）女性党委领导的教授职称获取比例比女性行政领导低。

（5）女性党委领导的海外经历比女性行政领导少。

6.6.2 不同职务间，女性领导特征的相似性

（1）在民族背景方面，不同职务的女性领导均以汉族为主，零星分布少量少数民族。

（2）在任职流动性方面，女性党委、行政领导中均有接近 6 成任职未发生地域流动，4 成流动。

（3）在晋升结构方面，不同职务的女性领导均以内部晋升居多，外部晋升相对较少。

第七章　影响女性领导职业发展的因素探析

“玻璃天花板”这道常人眼中坚硬无形、难以穿透的障碍，已被小部分女性成功跨越，这的确是一个不争的事实和不小的成就。然而，跨越了“玻璃天花板”并非意味着女性从此走上了集权力与权威于一身的康庄大道，而是踏上了一段更为前路不明的探险旅程。

7.1　女性领导面临瓶颈的原因探索

前述研究得出，“玻璃天花板”之上的女性领导群体在高层次学校中任职比例较低，低层次学校中任职比例较高；担任副职多、正职少；担任党委领导多、行政领导少的结构性劣势印证了“高处不胜寒”的道理。是什么原因造成了高层女性领导的劣势与瓶颈？本章以高层次、低层次学校，正、副职领导职位，党委、行政领导职务作为三组结果变量，对其进行 Logistic 二元回归分析，意在了解我国普通本科院校中，影响高校领导职位、职务以及就职学校层次的因素。结合女性领导的特征，通过与相关因素的比对，探索我国普通本科院校中女性领导之所以面临劣势的自身原因。在调整了年龄、学历等其他因素之后，造成这些结果变量的不同是否与性别有关，是否整个高等教育制度框架以及整个外部社会本身就对女性领导的性别存在歧视，从而由点及面，从整体上探讨我国普通本科院校“天花板之上”的女性领导身处劣势的内外部原因。

7.1.1 影响任职学校层次的因素分析

为便于研究的开展，本研究在此将 985 高校和 211 高校合并为高层次学校，将普通高校和独立学院合并为低层次学校。高层次学校和低层次学校作为二元结果变量，首先采用 Logistic 单因素分析的方法，分别对每一个可能影响到高校领导任职学校层次的因素做统计学分析，研究可能影响变量与结果变量的相关性；然后再采用 Logistic 多因素分析的方法，再次对可能影响到高校领导任职学校层次的因素进行统计分析，考察调整其他变量以后，指定变量与就职学校的高低是否直接相关。对任职学校层次高低的分析，意在了解我国不同层次高校对于选拔任用领导的条件；同时，通过与女性领导特征的比较，找出女性领导在高层次学校就职比例低，在低层次学校任职比例相对较高的原因。选入回归分析的因素有性别、现任年龄、民族、党派、任职流动性、学位、是否教授、有无国外经历以及晋升方式 9 项因素。$p>0.05$，则表明该因素与任职学校的层次高低无关，$p<0.05$，则表明该因素与任职学校的层次高低相关。具体结果见表 45。

表 45 影响我国普通本科院校领导就职学校层次的 Logistic 回归分析

学校层次的影响因素	单因素分析			多因素分析		
	OR	95%可信区间	*p*	OR	95%可信区间	*p*
性别						
男	1.18	0.96—1.46	0.125	0.67	0.42—1.05	0.081
女	1			1		
现任年龄						
≤40 岁	1			1		
41—50 岁	7.05	1.70—29.25	**0.007**	6.79	0.84—55.17	0.073
51—60 岁	9.82	2.38—40.52	**0.002**	9.42	1.17—75.88	**0.035**
>60 岁	5.50	1.29—23.49	**0.021**	6.26	0.72—54.07	0.096
民族背景						
汉族	1			1		0.606
其他	0.76	0.55—1.05	0.098	1.15	0.68—1.92	

（续表）

学校层次的影响因素	单因素分析			多因素分析		
	OR	95%可信区间	p	OR	95%可信区间	p
政治面貌						
中共党员	0.65	0.46—0.93	**0.018**	3.48	1.53—7.90	**0.003**
民主党派或无党派	1			1		
任职流动性						
未流动	1		**<0.001**	1		**<0.001**
流动	2.74	2.35—3.20		3.19	2.44—4.17	
学位						
学士及以下	1			1		
硕士	0.87	0.68—1.11	0.258	0.76	0.51—1.15	0.191
博士	2.38	1.93—2.93	**<0.001**	1.53	1.03—2.28	**0.036**
是否教授						
否	1		**<0.001**	1		0.551
是	1.94	1.67—2.25		1.12	0.77—1.65	
海外经历						
无	1		**<0.001**	1		**<0.001**
有	2.43	1.95—3.03		3.20	2.33—4.41	
晋升方式						
内部	1		**<0.001**	1		**<0.001**
外部	1.77	1.52—2.06		2.11	1.61—2.78	

这里是将高层次学校任职作为发生的事件进行分析，相反则为低层次学校任职。综合来看，单因素分析的结果显示，现任年龄在40岁以上的三个年龄段、中共党员、任职发生地域流动、博士学位、教授职称、有海外经历、外部晋

升 7 项与在高层次学校就职存在相关性;进一步多因素分析的结果表明,现任年龄在 51 岁至 60 岁阶段、中共党员身份、任职发生地域流动、博士学位、具有海外经历以及外部晋升这 6 项因子对在高层次学校就职有影响,即表明这些因素是高校领导在高层次学校就职的原因。这 6 项因子的 p 值均小于 0.05,其中任职流动性、海外经历和外部晋升小于 0.001,则表明显著相关。而 41 至 50 岁,60 岁以上以及教授职称则隐退为非直接影响领导在高层学校就职的因素。具有博士学位的领导在高层次学校任职是获得学士学位的 1.53 倍,是获得硕士学位的 2 倍。

具体来看,领导现任年龄介于 51 岁至 60 岁年之间是 40 岁以下年龄段就职于高层次学校的 9.42 倍,是 41 岁至 50 岁和 60 岁以上两个年龄段的约 1.5 倍;中共党员是民主党派或无党派身份的 3.48 倍;任职流动是未流动的 3.19 倍;具有海外经历供职于高层次学校是无海外经历的 3.2 倍;外部晋升至高层次学校担任领导的机会是内部晋升的 2.11 倍。而在我国普通本科院校中,女性领导队伍任职年龄年轻化,主要集中于 50 岁以下的阶段,在 50 岁以上年龄段存在缺位现象;且女性领导的中共党员比例,具有博士学位比例,具有国际化背景的比例以及外部晋升的比例均不及男性领导,在任职地域流动性上也不具有优势。女性在影响领导任职于高层次学校的 6 个因素中无一优势,因而决定了女性在高层次学校就职比例低的被动局面。

7.1.2 影响职位高低的因素分析

正副职职位具有不同的职能和分工,正职领导着眼于全局,副职领导需着眼于细节和具体事务,因此对胜任正、副职职位的能力和素质也有不同的要求。此处采用 Logistic 回归对影响领导职位高低的可能影响因素进行分析,试图找出我国普通本科院校正职领导职位的普遍任职条件及因素,分析女性领导正职少、副职多的原因。选入分析的变量有性别、现任年龄、政治面貌、任职流动性、学位、是否教授、是否院士、海外经历及晋升方式 9 项。此因素分析中以正职职位作为既定发生事件,相反为副职职位。具体结果详见表 46。

表46　影响我国普通本科院校领导任职职位的 Logistic 回归分析

职位的影响因素	单因素分析			多因素分析		
	OR	95%可信区间	*p*	OR	95%可信区间	*p*
性别						
男	2.02	1.66—2.45	**<0.001**	2.28	1.42—3.68	**0.001**
女	1			1		
现任年龄						
≤40岁	1			1		
41—50岁	2.44	0.87—6.87	0.092	0.49	0.13—1.77	0.275
51—60岁	5.95	2.14—16.60	**0.001**	1.43	0.40—5.06	0.579
>60岁	12.52	4.37—35.88	**<0.001**	4.00	1.06—15.08	**0.041**
政治面貌						
中共党员	2.22	1.57—3.16	**<0.001**	2.97	1.46—6.05	**0.003**
民主党派或无党派	1			1		
任职流动性						
未流动	1		0.204	1		0.130
流动	0.92	0.80—1.05		1.20	0.95—1.51	
学位						
学士及以下	1			1		
硕士	0.96	0.80—1.16	0.697	0.93	0.66—1.32	0.686
博士	1.25	1.06—1.48	**0.008**	1.14	0.81—1.61	0.441
是否教授						
否	1		**<0.001**	1		**<0.001**
是	1.75	1.48—2.07		2.28	1.58—3.30	
是否院士						
否	1		**<0.001**	1		**0.003**
是	3.43	1.83—6.44		7.97	2.04—31.16	

（续表）

职位的影响因素	单因素分析			多因素分析		
	OR	95%可信区间	*p*	OR	95%可信区间	*p*
海外经历						
无	1		**0.001**	1		0.059
有	1.27	1.10—1.46		0.77	0.58—1.01	
晋升方式						
内部	1		**<0.001**	1		**<0.001**
外部	1.9	1.67—2.15		1.76	1.40—2.21	

单因素分析结果得出男性、50 岁以上、中共党员、博士学位、具有教授或同级别职称、具有院士头衔、有海外经历、外部晋升与正职职位相关。多因素结果中，51 岁至 60 岁年龄段、博士学位、海外经历这三项因素出现了消退，而晋升方式由外部转变为了内部。从而分析出男性较女性更易成为正职领导；50 岁以上比 50 岁以下更易成为正职领导；中共党员比民主党派和无党派人士更容易成为正职领导；具有教授或同级别职称更易成为正职领导；具有院士头衔比非院士更易成为正职；外部晋升比内部晋升更易成为正职领导。

女性在现任年龄 50 岁以上、中共党员、教授和院士、外部晋升的比例上均低于男性领导，因此决定了女性更多担任副职职位，而无法晋升至正职职位。

更为突出的一点是，多因素的分析得出，在调整、控制了其余所有变量以后，正职职位与性别有关，OR 值显示，男性担任正职领导的可能性是女性的 2.28 倍。由此可以得出，我国普通本科院校的领导职位具有性别倾向性，正职职位的聘任更偏向于男性。

7.1.3 影响职务分配的因素分析

党委和行政领导在高校的运作和管理中发挥着不同的作用，党委班子领导代表中国共产党对高校进行思想以及发展战略的引导，行政班子领导则对高校对内对外具体行政、教学、科研等事务负责。在实际工作中，党委领导相对远离大学的核心学术职能。运用 Logistic 单因素、多因素分析，可以发现影响党委和行政领导的任职特征，从而总结出女性领导任行政职务相对较少，任党委职务相对较多的原因。选入分析的变量有性别、现任年龄、任职流动性、学位、是否教授、国际化背景与晋升方式。此分析以行政领导职务作为既定发生的事件，相反则为党委领导职务。分析结果见表 47。

表 47　影响我国普通本科院校领导任职职务的 Logistic 回归分析

职位的影响因素	单因素分析			多因素分析		
	OR	95%可信区间	p	OR	95%可信区间	p
性别						
男	1.35	1.15—1.58	**<0.001**	1.29	0.90—1.86	0.173
女	1			1		
现任年龄						
≤40 岁	1			1		
41—50 岁	1.94	1.00—3.76	0.049	5.28	1.85—15.09	**0.002**
51—60 岁	0.97	0.51—1.85	0.932	2.58	0.92—7.28	0.073
>60 岁	1.10	0.55—2.21	0.791	3.44	1.12—10.55	**0.030**
任职流动性						
未流动	1		0.657	1		0.704
流动	0.97	0.84—1.11		0.96	0.76—1.20	
学位						
学士及以下	1			1		
硕士	1.24	1.04—1.48	**0.015**	1.14	0.83—1.56	0.423
博士	3.41	2.88—4.04	**<0.001**	2.66	1.91—3.69	**<0.001**
是否教授						
否	1		**<0.001**	1		**0.027**
是	1.94	1.67—2.25		1.42	1.04—1.92	
海外经历						
无	1		**<0.001**	1		**0.011**
有	2.40	2.02—2.84		1.46	1.09—1.94	

（续表）

职位的影响因素	单因素分析			多因素分析		
	OR	95%可信区间	*p*	OR	95%可信区间	*p*
晋升方式						
外部	1		<0.001	1		<0.001
内部	1.80	1.58—2.05		1.60	1.27—2.00	

单因素分析结果显示，男性、拥有硕士和博士学位、拥有教授或同级别职称、具有国外经历、内部晋升均与行政领导职务存在相关。而进一步多因素分析，在控制其他变量以后，结果显示现任年龄41岁至50岁以及60岁以上年龄段更易担任行政领导职务；拥有博士学位比其余学位层次更易担任行政领导职务；拥有教授或同级别职称更易成为行政领导；拥有海外经历更易成为行政领导；内部晋升更易担任行政领导职务。性别和硕士学位对于行政领导职务的影响消退，任职年龄因素出现。

综合以上影响因素与女性领导的群体特征进行比较得出，女性领导在60岁以上年龄段、博士学位、教授或同级别职称拥有比例、海外经历的比例上均低于男性；在41岁至50岁年龄阶段人数相对较为密集，内部晋升的比例相对较高。但由于大部分硬指标上均不及男性，因而导致了女性领导较多任职于党委领导班子，而较少担任核心权力较大的行政领导。

7.1.4 原因总结

（一）内部原因

在以上影响任职学校层次、职位和职务的回归分析中，经过与女性领导群体特征的比较发现，女性领导的劣势在一定程度上源于自身的职业准备不够充分，在某些方面确实与任职标准存在差距。

（1）女性领导学业背景准备不足。

在整体上，现任女性领导群体的教育背景普遍不及男性领导群体，学位层次较低，获得博士学位的比例不及一半，而最高学位为硕士的占比较高。女性领导现有的学位层次和结构无法完全满足高校对于高学历人才的需求，因而阻碍了女性职业成长的步伐。

(2) 女性领导学术能力准备不足。

现任女性领导中获得教授或同级别职称的比例远低于男性领导,而院士中更是罕有女性踪影。女性领导在学术能力上与男性相比不具备优势,无法发挥身为高校领导的学术标杆作用,因而遭遇职业瓶颈。

(3) 女性领导海外经历准备不足。

目前,我国高校领导的国际化程度整体上偏低,这与高等教育全球化对于高校领导人提出的具有国际视野和全球化思维的要求不匹配。因此,具有丰富的海外经历、曾在海外知名院校求学或在海外知名机构从事研究、具有海外教学或管理经验的领导是稀缺的人才资源,往往更受高校的重视和青睐。而我国女性领导的国际化背景整体不及男性领导,且海外学习和海外工作的经历都比较匮乏,因此限制了女性的职业发展。

值得指出的是,现任女性领导群体在整体上表现出教育背景偏低、学术能力偏低、国际化背景缺乏的特征并非偶然,也不能完全归咎于女性自身的能力不足与努力不够。女性领导整体学业、学术、国际化背景偏低在很大程度上是由我国高等教育的历史发展阶段和教育环境决定的。当前我国在任的高校领导大多为改革开放之初的大学生,那时我国的高等教育刚起步,教育制度和平等观念不够健全,女性接受高等教育的机会远远小于现在,更别说出国深造,自然造成男女结构失衡。到 2012 年,我国男性和女性在学位层次结构和教师的学术级别上仍存在一定差距。我国普通本科在读学生中有超过一半(51.03%)为女性,但高学历者女性比例迅速降低,在博士阶段,仅有 36.4%的在读学生是女性[135]。我国普通本科专任教师中有 45.84%为女性,主要集中在较低的学术级别。在普通高等学校的专任教师中,初级、中级、副高级和正高级职务的女性教师比例分别为 55.2%、51.8%、41.0%、28.4%[136]。随着级别的提高,女性的比例逐渐降低。尤其在副高级和正高级之间,女性所占比例陡降,而正高级别是我国大多本科院校考量校级领导后备干部的重要因素,女性正高级职称的低获取率影响了女性在领导中的比例。

(二) 外部原因

在正副职职位的多因素分析中,得出领导职位的高低与性别相关。领导职位的设置具有性别偏好,表明在某些情况下,女性领导的任职现状不仅与其自身因素有关,更受制于整个外部社会环境。外部社会文化及制度设计共同作用于女性领导的成长与发展。在不平等的社会文化与制度框架下,女性自身无论付出再多的努力、做出再大的改变,其现状与地位也终难实现改变。

(1) 性别歧视。

性别歧视通常以一种非显性的形式存在,它主要存在于人们的传统意识中,认为男性比女性更具领导天赋,并且把男性作为客观标准。因此,在同等条件下,男性晋升管理层的机会将大于女性。多因素分析结果证明男性担任正职职位的机会是女性的 2.28 倍。领导职位的性别歧视表明外部环境对于女性的不公平,有失公平的外部环境必然影响到女性领导群体的发展。此外,有研究指出,如果女性觉得受到歧视,她们自身将会在男性主导的领域中失去信心,否定自己具有成功的能力[137],从而影响女性在管理职位中的表现。

(2) 制度缺失。

不可否认,公共组织的制度设计对于女性地位的改善起到了积极的作用,但制度设计本身还存在一定疏漏,直接或间接地阻碍了她们平等地参与高层权力的机会。

从 1983 年机构改革至 2001 年的《中国妇女发展纲要 2001—2010》,都明确规定了各级权力机构中的女性比例,但是,比例制在实施中存在诸多偏差。制度设计要求"至少有一名女干部"被认同为"只要有一名女干部"。大部分职位只按最低标准"安排"女性,使得低线变成了高线,导致一些有能力的女性人才失去机会,且进一步将女性的边缘地位合理化[138]。我国绝大多数本科院校的领导层中都仅有一位女性领导;且女性领导数占领导总数 11%的比例也可看出高校大多以"只要有一名女干部的"最低标准来配备女性领导。

此外,《中共教育部党组关于进一步加强直属高等学校领导班子建设的若干意见》要求重视培养选拔党外干部、女干部和 45 岁以下年轻干部,因此"党外干部"、"女性干部"和"年轻干部"就自然地被统一在一起,成为约定俗成的惯例,党外的年轻女干部成为政策需要的最优人选。多因素分析中得出,中共党员的身份是高层次学校任职与正职职位显著影响因素;同时,我国的党情、国情决定了我国的高校领导需要以中国共产党党员的身份为主流。女性以民主党派和无党派的政治身份借助政策便利顺利进入我国高等学校的领导层，但其无法保证女性走到领导层的最顶端。

(3) 社会期待。

"男主外，女主内"是一种约定俗成的传统习惯[139]。社会劳动分工后女性的职责主要是相夫教子。女性工作丧失了原来所具有的社会必要劳动的性质。社会普遍认同参与管理、成为领导者是男性的职责。由于对男性和女性角色期待的不同，出现了对男女价值的评价标准不一致的状况，自然引起男女在就业和升迁上的差别以及权力分配的不均衡[140]。

(4) 角色冲突。

随着中国经济的迅速崛起，越来越多的女性参与社会工作，获得了职业发展的广阔空间和经济的独立，女性被赋予了社会角色。但与此同时，女性仍然面对着传统社会延续下来的家庭角色。这两种不同的角色期待引发了女性家庭角色与社会角色的冲突。女性领导经常是女性角色和女性地位的矛盾体，在"贤妻良母"以及"女强人"两种模式上存在社会压力和角色冲突。两种职能和责任与职业发展几乎处于同一时期，不可避免地要发生矛盾冲突[67]。女性领导往往难逃角色冲突的困扰，繁重的家务劳动占据了学习与提高的时间，同时也消磨了职业进取心，时间以及角色冲突导致她们错失许多发展机会，因此造成女性领导在领导队伍中人数少，比重低的缺位现象[140]。

世界银行发布的《2012年世界发展报告：性别平等与发展》显示，大多数国家的妇女承担的家务都大大高于男性，而男性则主要承担对外工作。在所有地方，妇女用于照顾家人和家务的时间都多于其男性伴侣：她们做家务的时间要多出1—3小时，她们照料家人(孩子、老人和病人)的时间是其男性伴侣的2至10倍。而这一模式在结婚和生育之后会更加突出[141]。

7.2 女性领导取得成功的原因探索

尽管女性进入高校领导团队后仍然荆棘载途，但在常人眼中，她们是能力与运气兼备的命运的宠儿，成功走上了事业顶峰，领略到"高处寒风中无限美好的风光”。是什么原因造就了这些女性领导的成功呢？

7.2.1 客观因素

前文通过对校领导五大板块履历信息的研究以及 Logistic 回归分析，不难看出，取得成功的领导大多具有丰富的人生履历和职业经历。尽管女性领导群体在整体上不及男性领导，但是每一位成功晋升至高校领导层的女性在客观上都具备了前文所讨论的成功的因素，教育背景好、学术能力强、国际化程度高、工作背景多样等。每一项个人的客观履历信息都是女性取得成功必不可少的要素。

7.2.2 主观因素

然而，个人履历信息的研究仅能反映出女性领导扁平化的外在形象，而无法触及她们更为生动立体的思想行为。为了解女性领导更为生动完整的生活经历以及探索更内在本质的原因，本研究进一步搜集了高校女性领导的相关履历简介、新闻、访谈、回忆录等文本资料，同时参阅了国内外一些知名大学现任及离任领导的访谈资料，深入剖析她们的人生经历，探索这些身居高位的女性领导以何种态度面对生活中的事物，受到周围怎样的影响，如何智慧地经营自己的生活以实现今天的成就。

受可得资料的限制，本章重点整理了目前我国四所教育部直属高校中的女校长（中国石油大学（华东）校长山红红，华南理工大学校长王迎军，西安电子科技大学校长郑晓静，上海财经大学校长樊丽明）的资料。

山红红，2005 年 7 月任中国石油大学（华东）校长至今，主要从事重质油加工、化学反应工程和工业催化的研究。

王迎军，2011 年 12 月任华南理工大学校长至今，主要从事生物医学材料、高性能陶瓷及其复合材料的教学与科研工作。是我国目前 39 所 985 高校中唯一女校长。

郑晓静，2012 年 7 月任西安电子科技大学校长至今，主要从事板壳非线性固体力学、电磁固体力学和风沙环境力学研究。在2009年，当选为中国科学院院士，2010年，因在力学科学中所作出的杰出贡献当选为发展中国家科学院院士，是我国科学家中为数不多的“双料”院士。

樊丽明，2012年7月任上海财经大学校长至今，其研究领域为税收基本理论、公共产品供给、地方财政运行及公共政策等。

通过对四位女性领导文本资料反复阅读、整理，本研究梳理出个人性格特征和重要影响人物两条主线索和主题。

（一）自身个性与素质是成功的基石

成功的高校女性领导，她们的职业轨迹各异，成功的方式也不尽相同。但是通过整理其访谈和回忆录等资料，不难发现这些成功的高校女性领导具有一些共同的性格特征与生活态度。

（1）吃苦耐劳，不搞特殊。

在同事的眼中，王迎军工作认真且要强；在自身的眼中，她认为自己是个学者，应与他人一视同仁，不应有性别特殊。曾有一次在实验室加班到凌晨，一位老师问：“是不是可以让女同志们先走？”她毫不犹豫地说：“好！”等其余女同事都走了好一会儿她才恍然大悟自己也是个女同志。同事们也笑言从未把她当作女的。对于此事，她说道：

我也感觉到，大家首先把我当成一个同事，当成一个教授，没有专门把我看成一个女的，我自己也没有觉得我作为一个女性，应该少做一些事情或者得到什么照顾，所以在工作上我觉得已经没有什么性别的差别，所以我很珍惜作为妻子和母亲的地位[142]。

山红红是中国石油大学（华东）校史中第一位女校长，在教育部直属大学校长的合影中，她显得特别弱小。然而这位弱小的女性却选择了以男性为主、需要更多艰苦奉献的石油事业。在获取的资料中显示，熟悉她的同事这样描述道：

石油行业是个男性居多的行业，可是无论做实验、搬器械、跑油田，山红红的泼辣劲头和男性没有任何区别，也从没有要求过任何照顾。在加拿大阿尔伯塔大学做访问学者时，为了完成焦化反应过程的研究，了解它的反应规律，取得连续的实验数据,她几乎天天一个人泡在实验室里,一个人把笨重的反应器搬上搬下,外国人都对她翘起大拇指[143]!

她认为吃苦耐劳、艰苦奋斗是石油人所必须具备的精神和品质。作为一名老师,她提倡一种科研与现场结合的体验教学法:带学生到现场去,那时候一个月三四个星期,学生倒班,我们不跟着倒班,就是白天一起,晚上有时候去查查班啊,去关心有什么问题,跟着同学,我们都是在那个塔上,装置上,跟着他们爬上爬下的,告诉他们流程为什么要这样设置,是根据我们课堂上学的什么原理,当然有些东西我们课堂上没有涉及的,跟学生怎么去讲,从我的角度去讲。有的时候还拉着一线倒班的工人一块去指导学生。我就觉得这个东西,包括对现在的年轻教师,我说你自己没有这个体验,光去纸上谈兵,跟学生讲得到的效果,教与学这个东西是结合不好的。因为是工科的,学石油的,就是要到一线去,你说你的作风的锻炼也好,你的知识面的提升也好,你将来不管是从事技术还是管理,能够更强硬,技术打得更好一些都是有必要的[144]。

(2) 目标明确,甘于为之坚守和放弃。

每个成功的高校女性领导,都头顶一串荣誉,然而取得成功的道路没有捷径可走,对于女性而言,更是如此。这些成功女性的背后,也有鲜为人知的坚守与放弃。

郑晓静为了追求自身的学术梦想,放弃了既有大学老师的优厚待遇,离开了新婚的爱人,远赴西北求学。1984 年,硕士毕业的郑晓静留在华中工学院(现华中科技大学)任教。当时力学界有一个"冯卡门板方程"近似求解的收敛性问题,长期以来未得到解决,"力学之父"钱伟长先生也一直对该问题给予关注。当时,兰州大学的叶开沅老师在力学教育与固体力学方面非常出名,若要从事这个方面的研究,需要得到他的指导。1985 年,新婚不久的郑晓静决定远赴西北求学。在华中工学院工作期间,郑晓静的工作、生活待遇都不错,但在兰大,她需要重新从学生做起,且当时兰大的居住、生活条件还很艰苦。但这些都没有难倒郑晓静,她不但刻苦攻关解决了这个问题,且博士论文答辩是由钱伟长先生亲自主持的,钱老对她的论文答辩评价非常高。相关资料称,郑晓静成功给出了非线性轴对称冯卡门板方程的精确解,中国力学学会将其评价为"五十年来该领域最完备的研究"[145]。

在后来的职业路上，为了攻克难题，她放弃外省高校优厚条件的聘请，扎根西部从事科研近30年。在兰大的近30年间，出国潮、人才外流现象冲击着这座西北学府，她身边的同事换了一拨又一拨，当年和她一起读博士的同学大多离开了兰大。郑晓静夫妇曾先后几次赴美国、日本作访问研究，有多次机会一起走出西部，但夫妇二人依旧潜心于他们的学术研究。郑晓静的先生周又和说道：

西部生活条件相对艰苦多了，我们也曾想过离开。但更多的时候，我们想做些事情，这里需要我们，如果我们离开了，学校的力学课就成问题了[146]。

同时，在郑晓静夫妇的感染下，他们的一些博士研究生留在了兰州大学工作，有的出国学成后也回到了兰州大学，并有4位博士入选教育部新世纪人才支持计划[146]。

郑晓静表示，每个人都需要找准人生的目标：不同的人有不同的人生轨迹，每个人都要想清楚一个问题：我想成为什么样的人？找准人生目标后，就沿着自己的追求走下去。兴趣爱好加上与兴趣爱好一致的机会，就能获得成功[145]。

对于“干得好不如嫁得好”的说法，她尤其想对女孩子说一句：女孩子一定要自信、自爱、自尊、自强，找到真正属于自己的空间，我们女性也能够成功[145]。

王迎军校长也是如此。她在华南理工大学学习、工作了37年，见证了华南理工大学一大半历史的成长变化。1993年，王迎军公派日本访问研究回国，正式接手学校的生物材料实验室。其间，她也面临过许多诱惑，佛山的一些陶瓷企业想出重金挖她，也有国内其他院校向她伸出了橄榄枝，且她唯一的搭档也选择了离开，但王迎军仍继续坚守[147]。

(3) 坚强勇敢，自信乐观。

人生中必然会经历一些坎坷与困难，遇事坚强乐观的态度是成功女性领导共同具备的可贵品格。

王迎军谈到女性在职场上的优劣势时表示尽管有更多困难，但是面对困难时自己拥有乐观的心态：女性要做同一件事，比男性要面对和克服的困难更多。但我这个人有一个选择性忘记的毛病，吃过的苦很快就忘记了，心里记着的都是好的事情[148]。

山红红校长在遭遇痛失爱子与病痛折磨时，仍旧表现出钢铁般的意志和乐观的态度：我觉得他对我有很多意志上的磨炼，就是说顶天立地吧，也在帮助我，所以，这个事情既然碰到以后，后面就是正视吧，客观的面对吧，就是能做多少做多少，就是这么一种期盼，虽然有的时候觉得实际上都是很渺茫的，或者是不可能的，但是就想试一下，觉得将来这个孩子不管怎么样，觉得让他来到这个世界上，也对他尽心了。所以后几年我觉得还行，在那种情况下，我在全校破格提了副教授，没有影响自己的工作。总体来讲还是所有的事情自己承担。四个老人都不知道我得病，到现在也是，没让他们知道。我应该说动完手术以后，我没为我这个东西流过眼泪，给外人、给家人还是一个比较好的一个心态和表现形态。自己慢慢调整，我觉得还行，调整得基本可以吧[144]。

（二）人生道路的支持者

领导者的成功并非仅靠一已之力就能实现，他（她）们需要在生活的途中汲取养分，获得能量。有研究得出，女性扮演的那些角色如配偶、家长、朋友、女儿、姐妹及志愿者等，能够为她们技能的习得、价值观的塑造和工作能力的培养提供有用的帮助。角色的多样性与领导力的提升存在相关[149]。由成功女性领导的访谈资料可知，从小父母的教育和影响，职业生涯上导师的辅助，婚后与丈夫和孩子的互动对于登上事业之巅的女性具有非常突出的影响，他们在这些女性领导的生活中扮演了重要的角色。在通往成功的路上，她们不断地向优秀的人学习如何取得成功，从支持者那里增加前进的动力，从反对的声音中学会勇敢和坚持。

（1）父母、家人的影响。

我国高校女性领导的父母大多亲历过战火纷飞的岁月，并且家中都是多子女，在那个艰难的年代，父母以及兄弟姊妹用自己特殊的方式影响了这些女校长，让她们在生活中收获了一些可贵的品质。

中国石油大学（华东）校长山红红来自一个普通的工人家庭。她的父亲是一名工人，做事情认真、执着，技术水平优良。在忽视文化的年代，父亲无法实现大学梦，便将个人的梦想倾注于对女儿的教育期待中，父亲的言传身教逐渐形成了她对于世界的认知与判断，也成为了她今天的教育理念。同时，她是家中长女，自幼肩负起照顾弟弟、妹妹的职责，长女的角色以及从小所经受的磨炼逐渐塑造了她如今得以成就事业的个性，父母及兄弟姊妹的影响在一定程度上为其今天的成功奠定了基础[150]。

郑晓静的父母均为大学老师，因此她从小接受到了比同龄人更好的教育。父母为了给她创造更好的教育环境，将她从子弟学校转到了更好的中学，父母对于教育的重视为其今后的科研发展奠定了基础。同时父母高级知识分子的身份成为她前进的障碍，影响了她的入党，但也磨砺了她逆境中成长的品格。她不畏艰苦到农村下乡插队，干农活非常认真，并且加深了她对中国农村的认识[151]。

樊丽明选择就读山东大学政治经济学系，研究专业的选择主要缘于父母潜移默化的影响。樊丽明的父亲一生从事银行工作，母亲主要从事银行和财政工作，“所以报考政治经济学可能受到这种潜在的影响吧”[152]。

（2）导师的引导与帮助。

“导师”一词描绘了一种关系，即经验丰富的指导者帮助年轻人学习和掌控自己的生活与工作。凯西·克拉姆(Kathy E. Kram)提出了指导关系具有两种功能：一个方面是提供“与职业相关的支持”，即通过资助、发掘、训练和挑战性的任务，促使年轻人在组织中获取进步；另外一个方面是提供“心理支持”，即通过行为榜样来激发个人在专业角色中的能力感、认同感和效能感[153]。导师在女性领导者的成功路上提供了职业能力支持，并且还是有效的行为榜样。

在学校的教育中，山红红的第一位具有影响力的老师是高中班主任，她让山红红知道学海无涯。在上大学前老师曾送给他一句话：

山红红，你一直很优秀，上了大学不同于中小学，山外有山天外有天，你要学习的东西还很多[154]。

第二位具有重要意义的导师是石油大学老校长杨光华。山红红留校以后一直在杨光华的课题组进行科研，杨光华先生曾留学海外，一生淡泊名利，他是山红红一生为人做事的楷模。“我知道自己永远成为不了他，我也没他那样的经历和水平，但是他对学术的执着追求和严谨的治学态度，对我影响很大。”[154]

在郑晓静的回忆中，中学阶段的老师为她日后的成长提供了养分，教会了她自信、严谨、学无止境。班主任任命她为语文课代表，让不爱表达的她有了自信，化学老师的试卷点评教会了她严谨，数学老师的鞭策使她明白学无止境[145]。博士阶段的导师叶开沅教授与“力学之父”钱伟长教授的指导和肯定更是开启了她学术生涯的大门。

（3）家人的支持与理解。

如何在事业和家庭间从容穿行，这需要在处理家庭关系时与伴侣形成一种非常和谐的相互信任理解的关系，没有后顾之忧才能以轻松愉快和精神饱满的姿态投入到工作中去。另一半在事业上的支持、生活中的帮助对于女性领导在事业上取得成就功不可没，发挥着“根基式”的作用[155]。在资料整理后，笔者欣喜地发现，许多登上巅峰的女性都幸运地拥有和谐美满的家庭，有志趣相投、全力支持的丈夫作为其坚强的后盾。

王迎军的家是校长之家，她的先生汪建平，现在是中山大学常务副校长。在王迎军的口中，汪建平先生对她的事业支持很大：“他对我的工作全力支持！他是一个很大度、胸怀宽阔、很 gentleman 的人，他永远都在为你着想，包括我后来的两次出国访问研究都是被他‘逼’出去的。我很感谢他。”[148]

郑晓静的家庭非常传奇，她与先生周又和教授是华中理工大学的同学，毕业论文又由同一个导师指导，二人因共同的兴趣爱好而结缘。周又和先生不仅在思想上支持郑晓静的学术梦想，更是用实际的行动解除了她的后顾之忧，追随她到兰州大学，共同在大西北为祖国的固体力学事业奉献自己的才能。郑晓静说道：“我丈夫很支持我的想法，他是很学术的学者，我们虽然在学术上都是很独立的，但彼此对科学的共同追求是一致的。当时对他来说也很难，我们当时结婚才不到半年。”[151]

山红红也有个默默付出的先生。丈夫乐观、豪爽，面对忙碌的妻子，他肩负起父亲母亲所有的职责，用这种方式默默地支持妻子的事业。在他眼中：“自己的困难自己去克服，家务尽量多帮她分担。给女儿妞妞梳的小辫子不亚于她妈妈。”[143]

樊丽明说她与先生都是“工作狂”，对于彼此的工作能相互理解、尊重和支

持。在她口中,她的家庭是这样:

历来我把我们家三口的关系比作“相交但不重合的圆”,“相交”是因为一家人有共同的理念和生活,但每个人亦有其独立的一面、有各自紧张忙碌且丰富的生活。[152]

当然,也有一些高校女性领导以婚姻破裂作为事业成功的代价,未能实现事业与家庭的双赢,但是优秀的女性总能很快走出阴影,从中汲取教训,更加明确、更加从容地追求自己想要的生活。

第八章　讨论与思考

8.1　站在历史新起点的职业女性

随着社会的发展，女性在劳动力市场上的角色伴随两性分工方式的改变相应发生了转变，越来越多的女性接受高等教育，进入不同的职业领域。同时，女性也开始通过自己的能力在职业阶梯中向上移动，逐渐掌握以往通常仅由男性把持的领导权力。尽管女性在职业发展中还存在种种障碍，但职业女性的规模与影响力都在持续扩大。无论从宏观社会与国家层面，还是微观家庭与个人层面，女性的地位与权力都获得大幅提升，取得了前所未有的进步与改善，站在历史新起点上的女性正大步向更美好的明天迈进。

（一）国家性别政策以及男女平等概念的演进

20 世纪 20 年代末至 30 年代，在中国共产党的领导下，妇女运动被纳入到了民族和阶级斗争之中，与社会发展和国家建设紧密结合起来，开拓了妇女运动的新阶段。新中国成立后，女性得到了史无前例的解放，1950 年颁布的《婚姻法》及 1954 年的第一部《宪法》都以法律的形式保障了女性的权利。然而，法律上的男女平等不等于事实上的男女平等。20 世纪 80 年代后期，我国开始关注到法权与实际权利的差距，强调通过妇女参与经济活动，建立妇女权益保障机制，促进妇女法权的进一步实现来推动男女平等。直至 1995 年联合国第四次世界妇女大会，男女平等成为我国社会发展的基本国策，女性的发展被提上了新的历史高度，一方面保证了女性的权利，另一方面推动了两性双方的均衡发展。国家性别政策的逐步完善，使得我国男女都有了更为平等的地位、更为自由的选择权及更为宽松的生活环境。

（二）社会女性整体学历与学术水平的提升

随着社会平等观念的深入，社会对于女性接受高等教育有了更加开放和宽容的态度，公众普遍认识到了女性接受高等教育的必要性并且有了更高的期待，女性自身也有了更高的学术追求。由教育部近10年的统计数据可知，我国高等教育机构中教职员工的整体学术背景有了大幅提升，同时我国近些年培养的研究生数量快速增长。更为突出的是，其中高职称女性学者及高学历女性毕业生所占的比例逐年上升，女性群体的整体学历和学术水平突飞猛进。如图28所示，近10年来，我国高等教育中获正高级职称的女性专任教师发展迅速，取得了明显的进步。2003年，我国高等学校中，女性正高级专任教师有13 501人，占正高级专任教师的比例仅为17.39%，到2012年，正高级专任教师中女性已达到48 910人，所占比例接近30%，每年保持明显的增长趋势，逐渐缩小了与男性的差距。

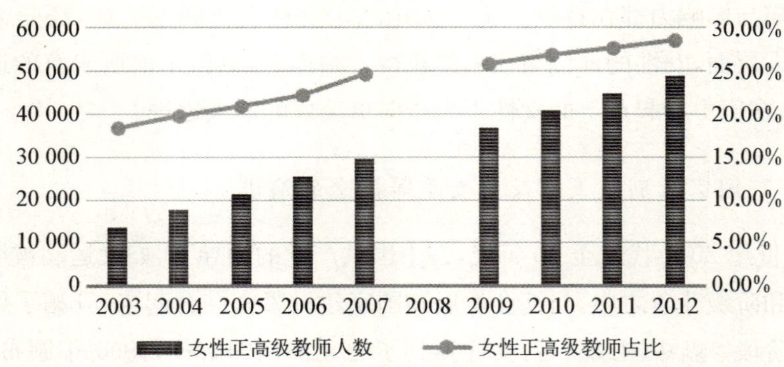

图28　2003—2012年我国女性正高级教师的变化趋势

资料来源：2003年至2012年国家教育统计数据，2008年数据缺失。

近10年，我国高等教育机构培育的博士毕业生中，女性的绝对数量及相对比例也都有了明显的增长。如图29所示，我国女博士毕业生从2003年的5 321人增长到2012年的19 250人，比例也从2003年的28.29%增长了近10

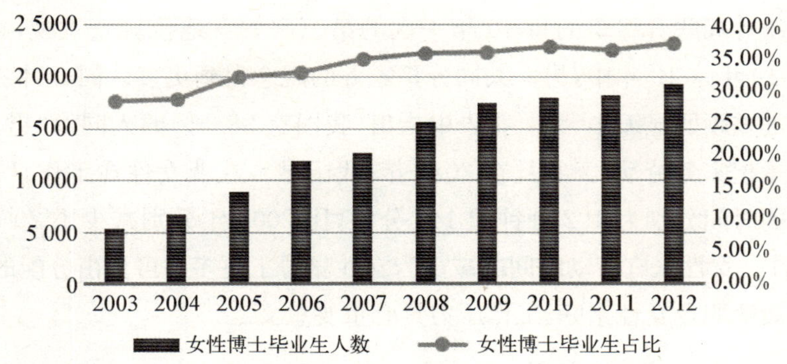

图 29　2003—2012 年我国女博士毕业生的变化趋势

资料来源：2003 年至 2012 年我国教育统计数据。

个百分点，在 2012 年达到了 37.22%。2003 年至 2012 年这 10 年间，除了 2011 年有小幅回落以外，其余年份均有不同程度的增长。

前文发现，教育背景及学术背景是领导职位与职务重要影响因子。尽管女博士与正高级女教师的比例与男性还存在不小的差距，但这 10 年，女性在高等教育领域取得的进步意义重大，我国女性的受教育水平与学术背景已登上了一个史无前例的新高度，并且保证了我国高等教育领域具有了一定数量的女性后备干部人才库。

（三）家庭劳动分工的时间分配变化

承担家务劳动在传统的劳动分工中一直是女性义不容辞的责任。不管在全球任何地方，家庭生活的重担都牢牢落在妇女肩上。作为配偶、家长和照顾者，她们肩负着确保家庭正常运转、提供日常供养的首要责任。近年来，有研究表明，男性逐渐越来越多地分担家务劳动和抚养小孩的责任，男性和女性的家务劳动时间呈趋同的走势，并且有迹象表明，这些使得家庭内部男女越来越平等的变化可能会持续下去[156]。

美国一些具有代表性的样本对象的时间日志显示，女性所承担的家务量已明显下降。1965 年，已婚女性每周要花高达 34 小时的时间打理家务，到 2005 年，该时间已减至 19 小时；男性所承担的家务量有所上升，从 1965 年的每周 5 小时增加到 2005 年的每周 11 小时[157]。在 2010 年，由我国全国妇联和国家统计局联合组织的每10年一次的第三次妇女地位调查发现，在2000年至2010年这10年中，男女共同分担家务的观念得到更多认同，两性家务劳动时间的差距明显缩小[158]。报告中指出，我国有88.6%的人同意"男人也应该主动承担家务劳动"。并且在2010年，我国城乡在业女性在工作日用于家务劳动的时间分别为102分钟和143分钟，比2000年分别减少了70分钟和123分钟。女性家庭劳动时间的减少为女性赢得了更多的可自由分配的时间，这对于缓解职业女性家庭、工作压力具有重要意义。

（四）女性自我认知的改变

女性获得的最大成就莫过于自我意识的觉醒与解放。尽管目前仍然延续着"男权社会"的主流价值体系，但意识觉醒和解放的女性已经开始演绎"她时代"的来临。她们以积极自信的姿态、杰出的管理才能、性别的特殊优势在各自的领域游刃有余。

全国第三次妇女地位调查结果表明，女性已有了较强的自信心与独立意识，有86.6%的女性对"自己的能力有信心"，有88.9%的女性表示"在生活中主要靠自己，很少依赖他人"。其中，在对大学生的调查中得出，在参加社会活动、担任学生干部等方面，高校女生与男生不相上下；并且有87.5%的女生希望在事业上有所作为，83.8%愿意为了成就一番事业付出艰辛的努力[158]。

女性逐渐认识到自身的特点与优势，认为自己不输男性，这样的转变有助于更多的女性从幕后走向台前。

8.2 选拔任用女性领导的意义

女性参与管理的话题从早期对于性别平等的讨论，转变到今天更多关注女性的价值与贡献，这与女性自身的努力有关，同时也与女性的特点分不开。高校领导层选拔任用女性，提高女性领导的任职比例，对社会、对高校、对女性自身都意义重大。

（一）选拔任用女性参与高校的管理，是社会平等和社会均衡发展的现实需求，有助于创建和谐的教育生态

1995 年，联合国召开了具有里程碑意义的第四次妇女问题世界会议，会议通过的《北京行动纲要》明确提出"提高妇女地位和实现男女平等是建设一个可持续、公正和发达的社会的唯一途径。赋予妇女权力和男女平等是各国人民实现政治、社会、经济、文化和环境保障的先决条件。"[159]社会是由两性组成的，若一方发展很旺盛，另一方发展不健全，这个社会是残缺的。高等教育系统是一个"以人行为为主导、教育环境为依托、教育资源流动为命脉的复合生态系统"[160]。高校女性领导，是女性管理者的重要组成部分，是构建社会主义和谐社会的一支重要力量。从某种意义上说，高校领导干部结构的优化也是构建和谐社会的基础。我国的高等教育正在经历内涵式的发展，需要有和谐的教育生态作为支撑，因此，选拔培养高校女性领导人才对贯彻"男女平等"的基本国策，提高女性政治地位，促进高校教育事业的和谐发展具有重要意义。

（二）女性担任学校领导，优化女性领导的任职比例与结构有助于优化高校管理的决策质量

学者们发现：个人在多样化的团队中的平均工作准备高于个人在单一的同质群体中的工作准备；一个多元化的团队较单一的群体更能激发出解决问题的有效途径[161]。领导层的多元化，知识、技能、经验的多样和互补能够激发出更多备选决策方案，为择优选择提供可能，进而提高决策质量。

麦肯锡的研究得出女性在董事会中扮演积极角色需要有一定规模的数量[162]。加拿大咨议局的一群学者也得出相似的结论[52]。提高女性领导的席位有助于保证组织决策能够代表女性群体的权益，从而考虑到各个群体的利益。高校的运作和管理在某种程度上与大型企业相似。因此，进一步提升女性担任高校领导的比例，完善女性在高校领导层中的权力结构，对于提高女性教师的地位和待遇、优化高校政策制定、提升决策质量、推动内涵发展都有积极的影响。

（三）选拔任用女性，能充分发挥女性人力资本的价值，优化人才资源的配置

全世界目前有一半以上的高等教育在读学生为女性，庞大的女性人才队伍拥有巨大的开发潜力。如果有能力的女性仅是因为性别原因而没得到任用，被排除在高校管理职位之外，将是对人才资源的极大浪费，不符合资源配置的帕累托效率。有学者认为，赋予女性领导权力是必不可少的，有利于组织的生产力提高和人力资本开发[163]。女性领导擅于利用个人魅力与下属沟通协作以及用敬业的工作态度来引导下属积极地实现组织目标和个人目标[38]。将女性特有的能力与优势应用到高校的管理中，不但能充分发挥其人力资源的作用，还能够增加高校的人文关怀，推动文化建设。

（四）女性在领导层中的比例越高，将越有助于降低腐败，规避风险

有外国研究表明，女董事越多的企业，其公司治理水平和道德行为标准越高[164]。中国的一项新研究也得出了类似的结论，研究发现在企业董事会里拥有更多的女性会减少企业的欺诈行为。该研究给出了精确的解释，比起女性对道德问题更敏感的假说，研究数据更支持性别多样性的假说，也就是说并不是女性必然更加诚实、自身道德要求更高，而是她们的存在创造了领导集体的性别多样性。在性别多样化的董事会中，观念的不同会使得董事之间更容易产生冲突、信任度降低，因而增加审查并减少欺诈[165]。此外，还有研究表明，女性领导者会对组织中治理薄弱的地方进行严格的监督，领导层中性别相对均衡的组织更注重组织管理和风险控制[166]。近几年，作为“一方净土”的高校频频爆出校领导存在腐败、学术不端等作风问题，权力的膨胀及利益的诱惑使得部分领导干部误入歧途。

此外，从两性的自身性别特征来看，女性更倾向于追求稳定且安全的未来，男性往往更偏好挑战与变革。北京大学光华管理学院女性领导力研究课题组《我国女性管理者现状调查报告(2006)》[167]也进一步证实了这一观点，相较于男性，女性的平均风险规避指数要高出许多，女性对风险的偏好小于男性。

因此，提升高校女性领导干部的比例，增加高校领导集体的性别多样性，对于加强高校领导集体的内部监督约束以及平衡风险来说未尝不是一件好事。

（五）女性担任高校领导职务，将增强女性的自信，为女性群体的职业发展树立典范，促进高等教育中女性群体的成长

曾任普林斯顿大学副教务长、密尔斯学院校长的霍姆格伦（Holmgren）认为，女性校长自身肩负有提升女性在高校平等地位的作用。她认为，女校长是一个理想的职位，她们在校园内为争取真正的性别平等而做出的变革，将对整个高等教育领域内女性追求平等作出贡献[168]。国际关系学院党委书记刘惠在第五届世界女大学校长论坛中提出女校长会对女生产生特别重要的示范作用。"也许男校长在大学里头很优秀，他去讲话、演讲各方面的水平很高，女学生可能会觉得和她自己的距离比较远，但是当一个女性校长站在台上，而且她的专业也很优秀，她的各方面的才华也很优秀的话，对女大学生的激励作用特别的大，这个在我个人就有特别深切的感受。"[169]可以看出，高校女性领导对广大女教职工、女学生具有榜样和示范作用，高校中选拔任用女性领导有益于增强女职工和女学生的发言权，有助于为教育领域内的女性队伍树立信心，帮助她们认清"玻璃天花板"并非坚不可破，从而鼓励职业阶梯中的女性积极进取，努力实现自己的价值和影响力。

8.3 研究思考与启示

总体来说，女性参与高校管理的形势越来越好，女性的优势与不可替代性也得到国际、国内社会一定程度的认可。我国普通本科高校中女性领导群体在突破"玻璃天花板"取得成功的同时，也表现出比例低、权力少、尖端缺失、横向隔离等不足。研究发现，女性领导职业发展中的成功与不足不仅与其自身条件和能力有关，更受到外部环境的影响。为了更好地提高女性整体地位，促进女性在职业生涯中取得长远发展，需要女性自身与外部社会共同着力。

（一）从女性自身的角度来看，素质是取得成功的先决要素

女性自身素质是决定其在高校中甚至整个社会中地位高低的基本因素，是改善女性地位状况的基础策略。“自身素质是任何一个人得以进一步发展的基石。”鉴于前面所论述的女性可能存在的需要改善的方面，本研究提出以下几点建议：

首先，做足任职能力准备，丰富人生履历。研究发现，知名高校的领导者都拥有一张无可挑剔的履历，博士学位、教授职称、多元化的求学背景、丰富的职业经历和管理经验、丰硕且影响深远的学术成就等。前文回归分析验证得出，教育背景、学术水平、国际化程度和晋升方式等因素均影响着女性就职学校的层次，以及职位的高低和权力的多寡，每一项突出的个人信息都是获取领导职务的重要筹码。因此，想要在高校管理角色中有所作为的女性，应尽自己所能来丰富自己的人生履历，在学历、学术及国际视野方面最大程度的优化提升自己，在职业岗位上丰富职业经历，积累更多元的思维方式及经历更多维的职业历练。

其次，正确处理家庭与事业的关系，做好角色与时间管理。大量研究表明，已婚的职业女性比男性面临更多来自家庭和事业的困扰，家庭责任会给大多数女性带来比男性更大的挑战。但是不少成功的经验告诉我们，找到平衡事业和家庭的方法，便可以在两边交互作用中获益。成功的女性能在繁琐的家庭事务中锻炼出高效的时间管理能力和周密的计划能力，能在忙碌的工作之余更加珍惜自己作为妻子和母亲的角色，更善于沟通、分享和倾听。因此，女性需平衡好家庭与事业，在家人身上获取更多支持和鼓励，为事业的长足发展提供保障。

（二）从外部社会的角度来看，平等的社会机制是女性参与管理的保障措施

在国际社会，对于女性参与管理有两种主张，一种为自由主义，即认为女人和男人一样有平等的权利，在机会上一视同仁，不需要给女性特殊照顾；另一种为国家主义，即认为由于各种明显的歧视和隐性的仍然存在，真正机会平

等无法实现，所以强调利用国家的强制力量来保证女性的权益[170]。这意味着，仅提倡机会平等是不够的，更重要的是要求结果平等。

目前，社会各行业的管理角色绝大部分被男性占据，社会中的主流文化更多是由男性构建起来的男性文化。同时，由于女性自身身体素质不及男性，生理负担沉重等因素，导致女性成长的内外部环境整体上劣于男性。因此，自由主义所提倡的一视同仁本身就会对女性的利益造成伤害，而国家主义提倡的性别比例政策是以结果平等为导向的，对现存的男女事实上的不平等的调节在政策上的反映，是一种对于女性参与管理的平等补偿政策和补充机制，更符合当前的实际。

因此，本研究建议：

首先，提高女性干部比例、明确相关制度规范、操作细则以及配套保障措施，创建女性发展的社会支持系统。

我国的公共政策历来重视女性问题，为女性争取地位的平等和权力的获得起到了举足轻重的作用。尽管目前我国的部分政策确认了男女享有平等的政治权力，但是由于各组织的制度设计不够完善，存在程序性规定的缺乏，措辞不严密，概念模糊不具体等问题，所谓的平等无法完完全全落实到实际的操作实践中。据联合国的规定，各国女议员要达到 30％以上的比例，才可能在体现女性全体利益方面对决策和结果产生影响[159]。麦肯锡及加拿大咨议局研究发现，在 8—10 名董事规模的大型企业中，高管团队中需有 3 名或 3 名以上女性董事可以推动企业绩效的显著提高[52,162]。如今，国际社会普遍达成了女性需占各行业各领域研管理层至少 30％的共识，因此研究建议我国在高校女性领导的比例配额方面与国际通用的 30％的比例下限保持一致。

欧盟国家是世界上最早提出女性解放的国家，20 世纪 70 年代，北欧国家率先推行性别配额制度，90 年代扩大到许多西欧和南欧国家。配额制度经历了从非强制性到强制性的发展和转变，这对于提高女性候选人的比例效果显著。在国际社会中，有的国家在政府中设立妇女工作部，有的国家在议会中设立妇女委员会，有的国家总统设立妇女顾问[170]，成立专门的具有法律地位的职能部门，使之有职有权地对妇女的权益进行维护，处理各种侵害妇女权益的事项。在明确的比例制度之下，配套以明确的权威监管部门以及刚性的保障性措施，这些经验与做法值得我们学习。

此外，对于类似《中共教育部党组关于进一步加强直属高等学校领导班子建设的若干意见》中提到的党外干部、女性干部及年轻干部等概念分别制定具体的概念界定和选任标准，以避免由于概念边界不清晰而导致偷换概念、合并概念的情况，有效地保证男女在公平的制度背景中择优而上，也最大限度地保障有更多女性进入高校领导层的机会。

其次，坚定持续贯彻落实男女平等的基本国策，在根源上弱化传统的性别观念与性别分工。

我们应看到，性别比例政策只是权宜之计，随着管理岗位男女比例的逐步均衡化，单一的比例指标也将失灵；且长期采用比例政策的后果则是在一定程度上引发男性的不满，对女性存在反向歧视，认为她们是“被比例”而晋升的，实际没有胜任该工作的能力，因而使得走上领导岗位的女性承受巨大的舆论压力。长远来看，还需要超越社会对于具体岗位所需能力、素质审视的性别界线，淡化传统观念中男女分工以及社会角色扮演的差异，才能从本质上解决问题。

参考文献

[1] NEWMAN J H C. The idea of a university[M]. New Haven, CT: Yale University Press, 1996.

[2] WALSH C. Hard-earned gains for women at Harvard[N]. Harvard Gazette, 2012-04-26(HISTORY, LANGUAGE & CULTURE).

[3] UNIVERSITY OF OXFORD. Women at Oxford[EB/OL]. (2013-11-06) [2013-11-09] http://www.ox.ac.uk/about_the_university/introducing_oxford/women_at_oxford/index.html.

[4] QUINN S. Marie Curie: A Life[M]. Cambridge, MA: Da Capo Press, 1996: 176.

[5] PASACHOFF N. Marie Curie: and the Science of Radioactivity[M]. Oxford: Oxford University Press, 1996.

[6] ALEM N A M M, RENN K A. Women in higher education: An encyclopedia[M]. Santa Barbara, CA: ABC-CLIO, 2002.

[7] THE CRIMSON STAFF. In Celebration of Women's History[EB/OL]. (2011-05-25) [2013-11-09] http://www.thecrimson.com/article/2011/3/25/harvard-women-crimson-years/.

[8] UNESCO. UIS Statistics[EB/OL]. (2014-08-01) http://data.uis.unesco.org.

[9] 中华人民共和国教育部. 各级各类学校女学生数[EB/OL][2014-07-04] http://www.moe.gov.cn/publicfiles/business/htmlfiles/moe/s7567/201309/156890.html.

[10] 中华人民共和国教育部. 各级各类学校女教职工、女专任教师数 [EB/OL]. [2014-07-04] http://www.moe.gov.cn/publicfiles/business/htmlfiles/moe/s7567/201309/156880.html.

[11] COOK B, KIM Y. The American College President [R]. Washington, D. C.:

American Council on Education, 2012.

[12] BELL S. Women in science in Australia: Maximising productivity, diversity and innovation [M]. Canberra: Federation of Australian Scientific & Technological Societies, 2009.

[13] 杨雪梅. 一项针对 1 792 所高校校长的调查显示——中国大学校长,平均年龄 52 岁[N]. 人民日报, 2008-08-24(11).

[14] FEDERAL GLASS CEILING COMMISSION. Solid Investments: Making Full Use of the Nation's Human Capital [R]. Washington, D. C.: U. S. Department of Labor, 1995.

[15] 联合国. 第四次妇女问题世界会议的报告[R]. 纽约: 联合国,1995.

[16] 毕斯塔."和平与文化多样性"与大学女校长论坛的战略角色——在第五届世界大学女校长论坛开幕式上的致辞[J]. 现代传播,2011(12): 7.

[17] HYMOWITZ C, SCHELLHARDT T D. The glass ceiling: Why women can't seem to break the invisible barrier that blocks them from the top jobs[N]. The Wall Street Journal, 1986-03-24.

[18] POWELL G N, BUTTERFIELD D A. Investigating the "glass ceiling" phenomenon: An empirical study of actual promotions to top management [J]. Academy of Management Journal, 1994, 37(1): 68-86.

[19] WIRTH L. Breaking through the glass ceiling: Women in management[M]. Geneva: International Labour Organization (ILO), 2009.

[20] HAMBRICK D C, MASON P A. Upper echelons: The organization as a reflection of its top managers[J]. Academy of Management Review, 1984, 9(2): 193-206.

[21] HILL C W, JONE G R. Strategic Management An Integrated Approach[M]. Boston, MA: Houghton Mifflin Company, 1995.

[22] 万福义. 中国共产党建设大辞典[M]. 济南: 山东人民出版社,2001.

[23] 向洪,薛斌,杨世强,尹恺德,王忠德等. 领导干部辞典[M]. 成都: 电子科技大学出版社,1992.

[24] 陈潮光. 试论中国特色高校领导体制及运行机制的建构[J]. 高教探索,2009(03): 37-40.

[25] 戴维·波普诺著,李强等译. 社会学[M]. 北京: 中国人民大学出版杜,2007.

[26] 徐阳."90 后"大学生群体特征的多维性研究[D]. 郑州大学,2013.

[27] TSUI A S, GUTEK B A. Demographic differences in organizations: Current research

and future directions[M]. New York：Lexington Press，1999.

[28] OECD. OECD Factbook：Economic，Environmental and Social Statistics[M]. Paris：OECD，2006.

[29] 联合国经济与事务部. 2010 年世界妇女：趋势和统计[M]. 纽约：联合国，2013.

[30] OECD. WOMEN AND MEN IN OECD COUNTRIES[R]. Paris：OECD，2007.

[31] ANKER R，MELKAS H，KORTEN A. 1990 年代基于性别的职业隔离[R]. 日内瓦：劳工组织，2003.

[32] CATALYST. Catalyst Quick Take：Women in Management，Global Comparison[R]. New York：Catalyst，2012.

[33] CNN MONEY. Global 500：Women CEO[EB/OL]. (2009 - 07 - 20) [2013 - 11 - 09] http://money. cnn. com/magazines/fortune/global500/2009/womenceos/.

[34] 欧洲联盟委员会. 决策领域男女情况数据库[M]. 布鲁塞尔：欧洲联盟委员会，2010.

[35] CATALYST. Women CEOs of the Fortune 1000[R]. New York：Catalyst，2013.

[36] OECD. Gender Equality in Education，Employment and Entrepreneurship：Final Report to the MCM 2012[R]. Paris：OECD，2012.

[37] HELGESEN S. The female advantage [M]. New York：Random House Digital，2011.

[38] ROSENER J B. Ways women lead[J]. Harvard Business Review，1990，68(6)：119.

[39] 屠立霞. 女干部行政领导能力及影响因素的结构分析[D]. 浙江大学，2003.

[40] 斯蒂芬·P·罗宾斯. 管理学[M]. 北京：中国人民大学出版社，1977.

[41] FELSMAN D E，BLUSTEIN D L. The role of peer relatedness in late adolescent career development[J]. Journal of Vocational Behavior，1999，54(2)：279 - 295.

[42] BOATWRIGHT K J，FORREST L. Leadership preferences：The influence of gender and needs for connection on workers' ideal preferences for leadership behaviors[J]. Journal of Leadership & Organizational Studies，2000，7(2)：18 - 34.

[43] GIBSON C B. An investigation of gender differences in leadership across four countries [J]. Journal of International Business Studies，1995，26(2)：255 - 279.

[44] CLARK M C，CARAFELLA R S，INGRAM P B. Leadership at the Glass Ceiling：Women's Experience of Mid-Management Roles [J]. Initiatives，1998，58 (4)：59 - 70.

[45] DRUSKAT V U. Gender and leadership style：Transformational and transactional leadership in the Roman Catholic Church[J]. The Leadership Quarterly，1994，5(2)：

99－119.

[46] YAMMARINO F J，DUBINSKY A J，COMER L B，JOLSON M A. Women and transformational and contingent reward leadership：A multiple-levels-of-analysis perspective[J]. Academy of Management Journal，1997，40(1)：205－222.

[47] VAN VELSOR E，TAYLOR S，LESLIE J B. An examination of the relationships among self-perception accuracy，self-awareness，gender，and leader effectiveness[J]. Human Resource Management，1993，32(23)：249－263.

[48] FOX R L，SCHUHMANN R A. Gender and Local Government：A Comparison of Women and Men City Managers[J]. Public Administration Review，1999，59(3)：231－242.

[49] KIM M，AUSTIN B，CAROL P，WILLIAM G. Relationship-centered administarion：transferring effective communication skills from the exam room to the conference room/practitioner application [J]. Journal of Healthcare Management，2003，48(2)：112.

[50] RIGG C，SPARROW J. Gender，diversity and working styles [J]. Women in Management Review，1994，9(1)：9－16.

[51] HELGESEN S. The female advantage：Women's ways of leadership[M]. New York：Doubleday Currency，1990.

[52] BROWN D A H，BROWN D L，ANASTASOPOULOS V. Women on Boards：Not Just the Right Thing ... But the “Bright” Thing[M]. Ottawa：Conference Board of Canada，2002.

[53] 童兆颖. 女性领导力与柔性化管理[J]. 领导科学，2004(20)：37－38.

[54] 叶忠海. 女领导人才总体成长的若干规律性探讨[J]. 妇女研究论丛，1998(1)：9－14.

[55] 胡滨. 高校女性领导人才选拔培养研究[D]. 湖南师范大学，2009.

[56] 李放，苏丽丽. 女性性别优势在管理中的作用[J]. 中华女子学院山东分院学报，2007(03)：15－18.

[57] CANTER R M. Men and Women of the Corporation [M]. New York：Basic Books，1993.

[58] BARTOL K M. The effect of male versus female leaders on follower satisfaction and performance[J]. Journal of Business Research，1975，3(1)：33－42.

[59] EAGLY A H，JOHNSON B T. Gender and leadership style：A meta-analysis[J]. Psychological Bulletin，1990，108(2)：233.

[60] RIDGEWAY C L. Gender, status, and leadership[J]. Journal of Social Issues, 2001, 57(4): 637 - 655.

[61] FOSCHI M. Double standards in the evaluation of men and women[J]. Social Psychology Quarterly, 1996, 59(3): 237 - 254.

[62] 恩格斯.家庭、私有制和国家的起源[M].北京：人民出版社，1972.

[63] WALBY S. Theorizing patriarchy[M]. Oxford: Basil Blackwell, 1990.

[64] EAGLY A H. Sex differences in social behavior: A social-role interpretation[M]. Hove: Psychology Press, 2013.

[65] 冯颖.职业女性角色定位、工作家庭冲突与工作生活质量的关系研究[D].浙江大学，2004.

[66] SCHMITZ R. Teaching students to manage the conflicts? [J]. Social Work in Education, 1994, 16(2): 125 - 128.

[67] 王宇.从高校知识女性发展的困惑看社会性别教育策略[J].黑龙江高教研究，2006(8): 152 - 154.

[68] 吴谅谅，冯颖，范巍.职业女性工作家庭冲突的压力源研究[J].应用心理学，2003(01): 43 - 46+56.

[69] NG C W, FOSH P, NAYLOR D. Work-family conflict for employees in an East Asian airline: impact on career and relationship to gender[J]. Economic and Industrial Democracy, 2002, 23(1): 67 - 105.

[70] 刘桂花.女性领导者的领导魅力与领导风格研究[D].四川大学，2005.

[71] 翟雪梅.女性管理者职业发展阻滞的原因分析[D].首都经济贸易大学，2007.

[72] KELLERMAN B, RHODE D L. Women and leadership: The state of play and strategies for change[M]. California: Jossey-Bass, 2007.

[73] EAGLY A H, JOHANNESEN-SCHMIDT M C, VAN ENGEN M L. Transformational, transactional, and laissez-faire leadership styles: a meta-analysis comparing women and men[J]. Psychological Bulletin, 2003, 129(4): 569.

[74] HEILMAN M E. Description and prescription: How gender stereotypes prevent women's ascent up the organizational ladder[J]. Journal of Social Issues, 2001, 57(4): 657 - 674.

[75] BURTON V S. Structured pathways to the presidency: Becoming a research university president[D]. University of Pennsylvania, 2003.

[76] KEIM M C, MURRAY J P. Chief academic officers' demographics and educational

backgrounds[J]. Community College Review，2008，36(2)：116 - 132.

[77] ALEJANDRO J E. Career，educational，and demographic profiles of public university presidents in five southern states[D]. East Carolina University，2004.

[78] ACE. The American College President[R]. Washington，D. C.：American Council on Education，2007.

[79] LOURDES SÁNCHEZ B A，M. ED. Career pathways and demographic profiles of university presidents in the U. S.：2000 - 2008[D]. The University of Texas at El Paso Department of Educational Leadership and Foundations，2009.

[80] ROSS M，GREEN M F. The American college president[R]. Washington，D. C.：American Council on Education，2000.

[81] MCKENNEY C B，CEJDA B D. Profiling chief academic officers in public community colleges[J]. Community College Journal of Research and Practice，2000，24(9)：745 - 758.

[82] 白保中，陈小丽，朱世武. 中国大学校长的群体特征及治学理念[J]. 中国科技论坛，2009(10)：110 - 114.

[83] 张光进，王鑫. 中美大学校长群体特征的比较分析及启示[J]. 复旦教育论坛，2007(04)：61 - 65.

[84] 姚利民，尹航. 我国知名大学校长个人特征研究[J]. 湖南大学学报(社会科学版)，2008(05)：103 - 107.

[85] 牛维麟. 世界一流大学校长特征及其启示[J]. 中国高等教育，2003(22)：28 - 29.

[86] 柏美屹，朱萃. 中国师范大学校长群体特征研究——以36所师范大学校长为例[J]. 江汉大学学报(社会科学版)，2013(04)：93 - 98.

[87] 尚冠军，郭俊，李凯. 中国大学校长职业背景研究——以115所"211"大学校长为例[J]. 教育学术月刊，2011(11)：6 - 9.

[88] 郭俊，孙钰，黄鑫. 中国大学校长教育学术背景研究——以115所"211工程"大学校长为例[J]. 中国高教研究，2012(08)：24 - 29.

[89] 林挺进，储妍. 我国大学校长与书记角色差异的实证分析[J]. 复旦教育论坛，2011(03)：38 - 43.

[90] CHLIWNIAK L. Higher Education Leadership：Analyzing the Gender Gap[M]. Hoboken，NJ：Jossey-Bass，1996.

[91] KING J E，G MEZ G G. On the pathway to the presidency：Characteristics of higher education's senior leadership[M]. American Council on Education，2008.

[92] GOLDINER D. Anonymous donor makes $70 M in gifts to women-run colleges and universities[N]. New York Daily News, 2009-04-24.

[93] 国务院妇女儿童工作委员会办公室.中国妇女发展纲要(2001-2010年)学习辅导[M].北京:中国妇女儿童出版社,2002.

[94] 张富荣.女性在高校人性化管理实践中的优势[J].科技信息(学术研究),2008(06):24+27.

[95] SHAKESHAFT C. Women in educational administration[M]. Thousand Oaks, CA: Corwin Press, 1989.

[96] 邱婧.中美高校管理层中女性参与的个案比较[J].广西大学学报(哲学社会科学版),2002(S1):144-146.

[97] 孙杰.高校女性管理者地位状况研究[D].南京师范大学,2007.

[98] 响金针.学校行政理论与实务[M].台北:幼狮文化事业股份有限公司,2003.

[99] ECKMAN E W. Similarities and differences in role conflict, role commitment, and job satisfaction for female and male high school principals [J]. Educational Administration Quarterly, 2004, 40(3): 366-387.

[100] 束佳.高校女性管理者性别与角色矛盾分析[J].科技风,2009(14):13.

[101] 张燕玲,胡中锋.高校管理中女性领导者角色的研究[J].阜阳师范学院学报(社会科学版),2009(03):113-116.

[102] 李文玲,张厚粲,舒华.教育与心理定量研究方法与统计分析[M].北京:北京师范大学出版社,2008.

[103] CRESWELL J W. Educational research: Planning, conducting, and evaluating quantitative and qualitative research[M]. Boston, MA: Pearson Education, 2012.

[104] 中华人民共和国教育部.普通、成人本、专科分举办者学生数[EB/OL].[2014-07-31] http://www.moe.edu.cn/publicfiles/business/htmlfiles/moe/s7567/201309/156676.html.

[105] 周建中,肖小溪.科技人才政策研究中应用CV方法的综述与启示[J].科学学与科学技术管理,2011,32(2):151-156.

[106] CANIBANO C, BOZEMAN B. Curriculum vitae method in science policy and research evaluation: the state-of-the-art[J]. Research Evaluation, 2009, 18(2): 86-94.

[107] CORLEY E, BOZEMAN B, GAUGHAN M. Evaluating the impacts of grants on women scientists' careers: The curriculum vitae as a tool for research assessment

[M]. Cheltenham: Edward Elgar, 2003.

[108] SANDSTROM U. Combining curriculum vitae and bibliometric analysis: mobility, gender and research performance[J]. Research Evaluation, 2009, 18(2): 135 - 142.

[109] DIETZ J S, CHOMPALOV I, BOZEMAN B, NEILLANE E O, PARK J. Using the curriculum vita to study the career paths of scientists and engineers: An exploratory assessment[J]. Scientometrics, 2000, 49(3): 419 - 442.

[110] GAUGHAN M, BOZEMAN B. Using curriculum vitae to compare some impacts of NSF research grants with research center funding[J]. Research Evaluation, 2002, 11(1): 17 - 26.

[111] STEMLER S. An overview of content analysis[J]. Practical assessment, research & evaluation, 2001, 7(17): 137 - 146.

[112] MANNING P K, CULLUM - SWAN B. Narrative, content, and semiotic analysis [J]. Handbook of qualitative research, 1994: 463 - 477.

[113] MERRIAM S B. Qualitative Research and Case Study Applications in Education [M]. San Francisco: Jossey-Bass, 2001.

[114] GAUGHAN M, PONOMARIOV B. Faculty publication productivity, collaboration, and grants velocity: using curricula vitae to compare center-affiliated and unaffiliated scientists[J]. Research Evaluation, 2008, 17(2): 103 - 110.

[115] CAMPBELL D T. Relabeling internal and external validity for applied social scientists[J]. New Directions for Program Evaluation, 1986, 1986(31): 67 - 77.

[116] FINK A. How to design surveys[M]. Thousand Oaks, CA: Sage, 1995.

[117] MOUSTAKAS C. Phenomenological research methods[M]. London: Sage, 1994.

[118] DENZIN N K, LINCOLN Y S. The landscape of qualitative research[M]. Thousand Oaks, CA: Sage, 1999.

[119] 中华人民共和国国家统计局. 2010 年第六次全国人口普查主要数据公报[R]. 2011.

[120] 喻恺,田原. 内部提拔还是外部选聘: 亚洲一流大学校长选拔模式研究[J]. 清华大学教育研究,2012,33(1): 46 - 50.

[121] 中共教育部党组. 中共教育部党组关于进一步加强直属高等学校领导班子建设的若干意见[R]. 2014.

[122] 王英杰. 改革大学校长的遴选制度——一流大学建设的必要条件[J]. 科学中国人, 2005(05): 16 - 17.

[123] 中华人民共和国国务院. 中国妇女发展纲要(2011 - 2020 年)[R]. 北京: 国务

院，2011.

[124] 中华人民共和国国家民族事务委员会. 少数民族干部政策的基本内容[R]. 2004.

[125] ONSONGO J. Factors affecting women's participation in university management in Kenya[M]. Addis Ababa，Ethiopia：Ossrea，2004.

[126] ACE. On the Pathway to the Presidency 2013：Characteristics of Higher Education's Senior Leadership[R]. Washington，D. C. ：Ameirican Council on Education，2013.

[127] 练忆茹. 中国知名大学校长基本信息的统计与分析[J]. 科教导刊(上旬刊)，2011(11)：209-210.

[128] 中国共产党中央. 中共中央关于实行党和国家机关领导干部交流制度的决定[R]. 1990.

[129] 吴鹏. 我国干部异地交流制度及其效果分析[D]. 延安大学，2013.

[130] 中国学位与研究生教育信息网. 985 工程介绍[EB/OL][2014-5-18] http://www.cdgdc.edu.cn/xwyyjsjyxx/xwbl/zdjs/985gc/index.shtml.

[131] 中华人民共和国教育部. "211 工程"简介 [EB/OL]. [2014-05-25] http://www.moe.edu.cn/publicfiles/business/htmlfiles/moe/moe_846/200804/33122.html.

[132] 中华人民共和国教育部. 独立学院设置与管理办法[EB/OL]. [2014-05-25] http://www.gov.cn/flfg/2008-03/07/content_912242.htm.

[133] 吴凯. 正职与副职之异同[J]. 中国保险，2001(10)：52.

[134] 季守利. 正职与副职要选准工作的侧重点[J]. 领导科学，2001(02)：14-15.

[135] 中华人民共和国教育部. 各级各类学校女学生数[EB/OL]. [2014-07-05] http://www.moe.gov.cn/publicfiles/business/htmlfiles/moe/s7567/201309/156890.html.

[136] 中华人民共和国教育部. 高等教育学校(机构)教职工情况(普通高校)[EB/OL]. [2014-07-05] http://www.moe.gov.cn/publicfiles/business/htmlfiles/moe/s7382/201305/152536.html.

[137] CHAUDHURI D. Career Path Barriers of Women Doctoral Students in STEM (Science，Technology，Engineering，Mathematics) Disciplines[D]. Arizona State University，2011.

[138] 郭夏娟. 参与并非领导：公共组织中女性地位的"三低"循环及其成因[J]. 公共行政评论，2013，6(4)：50-81+179.

[139] 张今杰，张冬烁. 科学研究中的女性"相对不在场"现象——自然科学中的性别不平等问题研究[J]. 科技进步与对策，2008，25(1)：187-191.

[140] 王饮寒，喻恺，岳启. 超越天花板的女性——我国"985"高校中的女性高层领导群像

[J]. 教育学术月刊,2014,2: 54 - 59.

[141] 世界银行. 世界发展报告内容提要 2012——性别平等与发展[R]. 华盛顿特区: 世界银行,2012.

[142] 张洋. 女书记王迎军“低调”谈华工发展[EB/OL]. (2008 - 07 - 17) [2014 - 07 - 31] http://bbs. southcn. com/nfsq/scene/rwft/content/2008 - 07/17/content_4940392. htm.

[143] 白瑜. 万绿丛中一点红[J]. 神州学人,2008(01): 20 - 22.

[144] 香颂. 石油大学山红红: 坚强奉献的人生[EB/OL]. (2010 - 12 - 06)[2014 - 07 - 18] http://edu. china. com. cn/mingxiao/2010 - 12/06/content_21485839. htm.

[145] 刘辉. 郑晓静扎根大西北潜心科研建树伟业[EB/OL]. (2010 - 11 - 14) [2014 - 07 - 18] http://ctjb. cnhubei. com/html/ctjb/20101114/ctjb1227061. html.

[146] 朱琼洁. 乐清: 女院士郑晓静扎根西部 20 余载[EB/OL]. (2009 - 12 - 08) [2014 - 07 - 18] http://news. 66wz. com/system/2009/12/08/101551118. shtml.

[147] 毛开云. 39 所 985 高校唯一女校长有啥特别之处? [EB/OL]. (2011 - 12 - 12)[2014 - 07 - 14] http://opinion. voc. com. cn/article/201112/201112120916387944. html.

[148] 梅志清,雷雨等. 独家专访中国 985 高校唯一女掌门、华南理工大学校长王迎军教授——“大学书记校长同心同德太重要了”[N]. 南方日报,2012 - 01 - 12(A14).

[149] RUDERMAN M N, OHLOTT P J, PANZER K, KING S N. Benefits of multiple roles for managerial women[J]. Academy of Management Journal, 2002, 45(2): 369 - 386.

[150] 裴富强. 结缘石油学府,满怀育人深情——专访中国石油大学(华东)校长、博士生导师山红红[J]. 高校招生,2013(05): 9 - 12.

[151] 袁鹏. 郑晓静: 热爱让我选择留下[N]. 中国妇女报,2010 - 08 - 06(A04).

[152] 阮静. 我爱知识,我更爱教育——访著名财政学者、上海财经大学校长樊丽明教授[J]. 财政监督,2013(25): 19 - 25.

[153] KRAM K E. Mentoring at work: Developmental relationships in organizational life [M]. Lanham, MD: University Press of America, 1988.

[154] 崔雪芹. 中国石油大学(华东)校长山红红: 大学精神与责任的守望者[J]. 科学新闻,2011(11): 32 - 35.

[155] 杨澜. 为事业、生活平衡支三招[J]. 决策探索(上半月),2007(11): 82.

[156] EAGLY A H, CARLI L L. Through the labyrinth: The truth about how women become leaders[M]. Harvard Business Press, 2007.

[157] BIANCHI S M, MILKIE M A, SAYER L C, ROBINSON J P. Is anyone doing the

housework? Trends in the gender division of household labor[J]. Social Forces, 2000, 79(1): 191 - 228.

[158] 第三期中国妇女社会地位调查课题组.第三期中国妇女社会地位调查主要数据报告[J].妇女研究论丛,2011(06): 5 - 15.

[159] 联合国.第四次世界妇女大会《行动纲领》[R].中国北京:联合国大会,1995.

[160] 贺祖斌.论高等教育系统的生态性[J].黑龙江高教研究,2008(10): 1 - 4.

[161] PHILLIPS K W, LOYD D L. When surface and deep-level diversity collide: The effects on dissenting group members[J]. Organizational Behavior and Human Decision Processes, 2006, 99(2): 143 - 160.

[162] DESVAUX G, DEVILLARD-HOELLINGER S, BAUMGARTEN P. Women Matter: Gender diversity, a corporate performance driver[R]. Paris: McKinsey & Company, 2007: 12.

[163] CHEUNG F M, HALPERN D F. Women at the top: Powerful leaders define success as work+family in a culture of gender[J]. American Psychologist, 2010, 65(3): 182 - 193.

[164] FRANKE G R, CROWN D F, SPAKE D F. Gender differences in ethical perceptions of business practices: a social role theory perspective[J]. Journal of Applied Psychology, 1997, 82(6): 920.

[165] CUMMING D, LEUNG T Y, RUI O M. Gender diversity and securities fraud[EB/OL]. (2014 - 03 - 18) [2014 - 07 - 03] http://ssrn.com/abstract=2154934

[166] TCAM. "Diversity and gender balance in Britain plc": a study by TCAM in conjunction with The Observer and as part of the Good Companies Guide[R]. London, UK: TCAM, 2009.

[167] 北大光华管理学院女性领导力研究课题组.女性管理者现状调查报告(2006)[R].北京:北京大学光华管理学院,2006.

[168] HOLMGREN J L. Growing the women-friendly campus: The president's role[J]. Presidency, 2000, 3(3): 22 - 27.

[169] 网易女人.国际关系学院党委书记刘惠:女校长对女大学生的激励作用很大[EB/OL]. (2011 - 11 - 05) [2014 - 07 - 18] http://lady.163.com/11/1105/11/7I3F3I4U00262613.html.

[170] 钟曼丽.社会性别视角下的我国女性干部选拔政策研究[M].北京:中国经济出版社,2012.